教師のための中国語音声学

◎ 平井 勝利 著

序　　言

　本書は白帝社の要請を受け、中国語教師の音声教育に資することを目的として執筆したものである。

　音声教育に資することを目的としているとはいえ、先人が個別の音声現象について個別に記述してきたことを、要領よく整理することに主眼を置いてはいない。それは、言語現象の記述はそれが統語であれ、意味であれ、また音声であれ、記述の対象である言語の本質に迫ろうとするものでなければならないからである。

　中国語の音声の本質とは中国語という言語の音声の構造、体系、変化の法則の基盤を成している音声的特徴であり、それは中国語のメロディーである。

　中国語のメロディーとは他の言語には見られない中国語固有の「音声的らしさ」であり、それは中国語という言語の音声諸要素の総体である。

　音声学の究極の目的は、このメロディーを解明することにあると言っても決して過言ではない。

　本書は、木を見て森を見ようとしない音声研究や、木だけを教えて、その１本１本の木が森の中でどのような存在であるかを教えようとしない音声教育が横行している現況に鑑み、可能なかぎり、中国語という言語の音声的特徴に立ち帰って、個別の音声現象を記述している。

　また、本書は中国語話者が現実の言語生活において使用している"普通話"の自然発話を記述の対象としている。

　それは、言語教育は現実の生きた言葉をその対象とし、音声教育も生きた言葉の音声実態をその対象とするものでなければならないからである。

　本書では、趙元任の指摘をしばしば取り上げている。

　それは、少なくとも中国語の音声研究においては、今なおその業績は燦然と輝いており、その視点は骨太であり、指摘は示唆に富んでおり、中国語の音声の本質に迫ろうとする気迫が随所に窺えるからである。

中国語の音声教育において重要なことは、音声現象を根拠を示しながら、科学的に説明するとともに、中国語の音声の特徴や本質を学習者に解説し、具体的な音声資料を提示して学習者にそのことを実感させることである。

　本書はこれらのことをコンセプトとして記述している。

　本書が中国語の音声教育の質的向上に些かなりとも貢献するものであれば、この上ない喜びである。

2012年9月13日

教師のための
中国語音声学

目　次

はじめに …………………………………………………………………… 7

第1章　音素レベル …………………………………………………… 11
　第1節　声母…………………………………………………………… 11
　第2節　母音…………………………………………………………… 27
　第3節　/-n/ と /-ng/ ………………………………………………… 36

第2章　音節レベル …………………………………………………… 43
　第1節　介母…………………………………………………………… 44
　第2節　複数の音素からなる韻母…………………………………… 46
　第3節　音節全表……………………………………………………… 50
　第4節　声調…………………………………………………………… 54
　第5節　調形…………………………………………………………… 57
　第6節　韻母の構成と調形…………………………………………… 62
　第7節　声調を習得する要領………………………………………… 70
　第8節　軽声…………………………………………………………… 76
　第9節　軽声音節に見られる音声変化……………………………… 81
　第10節　"er" と 儿化音 ……………………………………………… 87
　第11節　音節の独立性と等時性……………………………………… 90

第3章　超音節レベル ………………………………………………… 95
　第1節　二音節の調音時間…………………………………………… 95
　第2節　声調の組合せ………………………………………………… 97
　第3節　ストレスアクセント………………………………………… 103

第4章　発話レベル …………………………………………………… 109
　第1節　発話に見られるストレスアクセントの規則……………… 109
　第2節　文強勢………………………………………………………… 123
　第3節　ポーズ………………………………………………………… 124
　第4節　文イントネーション………………………………………… 125

第5節　調声調の原理……………………………………………… *129*

あとがき ……………………………………………………… *141*

索　　引 ……………………………………………………… *143*

はじめに
── 記述の対象とした"普通话"──

　本書で記述の対象としているのは、中国の国語である"普通话"である。
　近代に至り、自我の目覚めが民族集団としての目覚めへと転化し、民族集団ごとに多くの国家が誕生することとなった。
　国家が成立すると、1つの国家としてのまとまりを保つために、いずれの国家においても国語が制定された。
　国語の制定には大きくは2つの方法がある。
　1つは特定の地域や階層が使用している言葉を国語とする方法であり、いま1つは、広い地域にわたって通用している言葉を国語とする方法である。
　前者は、通常「標準語」、後者は「共通語」と称されている。
　日本は、東京の山手線界隈の中産階層が日常使用している言葉を国語としている。
　共通語が国語とされる場合には、通常、音声、語彙、文法のそれぞれについて基準が設定される。
　中国は、"普通话"と称する共通語を国語とし、音声は北京語を標準音、語彙は北方方言を基礎語彙、文法は現代白話文の文法を規範としている。
　北京語が音声の標準音とされたのは、中国各地に広く北京官話の通用する地域の存在していたことがその主たる理由であり、七大方言の中で北方方言の語彙がその基礎とされたのは、この方言の使用人口が最も多く、使用地域も最も広いことがその根拠とされている。
　文法の規範とされた現代白話文については若干の解説が必要である。
　19世紀の後半以降、世界各国において、書面語を口頭語に近づけようとする運動が展開された。
　日本においても、明治初期に「言文一致運動」が推進され、二葉亭四迷

や山田美妙らによって、口頭語に近づけた文体の作品が発表された。
　一方、中国においては、清末に起こった「国語運動」が、民国初期に胡適によって提唱された「文学革命」と合流し、魯迅によって口頭語に近づけた文体による作品が書かれた。
　このようにして、中国においてもその後、書面語は口頭語に近い文体が一般に使用されるようになっていった。
　この口頭語に近づけた文体の書面語が白話文である。
　日本で一般に「中国語」と称しているのは、音声、語彙、文法の3つの面で上記のような基準の設けられた"普通話"のことであるが、分かり易く言えば、中国のテレビ、ラジオのアナウンサーの言葉である。
　次に、中国語の表音表記である"汉语拼音字母"と"简体字"について付記しておく。
　1949年10月1日に成立した新政府は、"文字改革委員会"を立ち上げ、"普通話"を全国に普及するための表音表記と、成人に対する識字教育を推進するための漢字の簡略化の検討を、この委員会に委ねた。
　さまざまな検討の経緯を経て制定されたのが、1958年の"汉语拼音方案"であり、1956年の"第一次汉字简化方案"である。
　"汉语拼音方案"は、既に延安時代に、新国家が誕生した暁には、漢字を廃止してローマ字を採用するとして用意されていた"拉丁化新文字"の表記をベースとしている。
　漢字の簡略化はそもそもすべての漢字を10画以内にすることを目標としたが、すべての漢字を一挙に簡略化するのではなく、順次簡略化する方策が採られた。1956年の"简化方案"に"第一次"が冠されているのはそのためである。
　この"第一次汉字简化方案"では2238の漢字が簡略化されたが、多くの偏旁に草書体を借用して画数の大幅に減少されているのがその特徴である。
　因みに、1996年に出版された"中华字海"には、85568漢字が収録されているが、2238漢字はその0.027％ということになる。
　しかし、この2238漢字は、取り敢えずは常用5000字を対象とした簡略

化であり、さしあたってはさしたる不都合が生じていないため、1956 年以降 "第一次" に次ぐ "简化方案" は公布されていない。

　正確に言えば、1971 年に "第二次简化方案" が示されたが、一ヶ年の試用期間を経て、結局公布されることはなかった。"亍（街）"、"夕（餐）"、"阝（部）"、"彡（修）"、"宙（賽）" などは "第二次简化方案" で提示された "简体字" である。

　これらの "简体字" は、1971 年当時が「文化大革命」の真っ直中であり、極端さが評価された世相を如実に反映している。

　余談ではあるが、今後、漢字のこれ以上の簡略化はなく、むしろ、"简体字" は元の "繁体字" に復帰することが予想される。

　それは、建国 60 年余を経た今日、識字教育を必要とする国民はほとんど存在しなくなっているからである。また、1978 年以降の市場経済の導入により、"简体字" を使用していない台湾や海外華僑との商取引も盛んになってきているが、情報通信の上で不便が生じてきている。

　加えて、中国の人たちの中には "简体字" は "繁体字" に比べて軽く、権威がないと感じている人が多い。名刺や企業名或いは中央電視台のテレビの画面に "繁体字" がちらほら見られるようになってきているのは、その兆候である。

第1章　音素レベル

音素

　人間がコミュニケーションの手段・道具として用いている言語には、通常、意味の相違をもたらす最小の音の単位として音素が設定される。

　音素は、通常、2つに分けられる。1つは、肺から送られてくる気流である呼気が、口腔や鼻腔を通過するとき、調音器官によって閉鎖されたり狭められたりして妨げられ、その妨げられた呼気が、口腔や鼻腔の外に放出されることによって生成される音素である。いま1つは、呼気が妨げられることはなく、主として舌の位置によって、口腔内の体積を変化させ、声帯の振動を伴って生成される音素である。

　通常、前者はconsonant・子音・"辅音"、後者はvowel・母音・"元音"と呼ばれている。

　中国語の声母はすべて子音であるが、韻母はすべてが母音というわけではない。従って、中国語の音節の構造の説明に子音、母音というタームを用いるのは正確ではない。

　中国語の音節の構造を、「声母＋韻母」とするにはそれなりの理由がある。つまり、音を産み出す部分（声母）と音色を産み出す部分（韻母）という認識に由来している。

第1節　声母

声母と子音

　前述のように中国語の声母はすべて子音である。子音は肺から送られてくる気流を口蓋垂によって口腔に通すか鼻腔に通すかの仕分けをし、口腔に通した気流は口腔の調音器官によっていったん妨げられ、その妨げられた呼気は閉鎖をゆるやかに解いたり、破裂をさせたり、摩擦をさせたり、或いは破裂に引き続いて摩擦させるなどの方法で口腔の外に放出すると

いうメカニズムで生成される。

　以下、説明に口腔の調音器官の部位の名称を多用するので、ここでその概略図を示しておく。〈図1〉

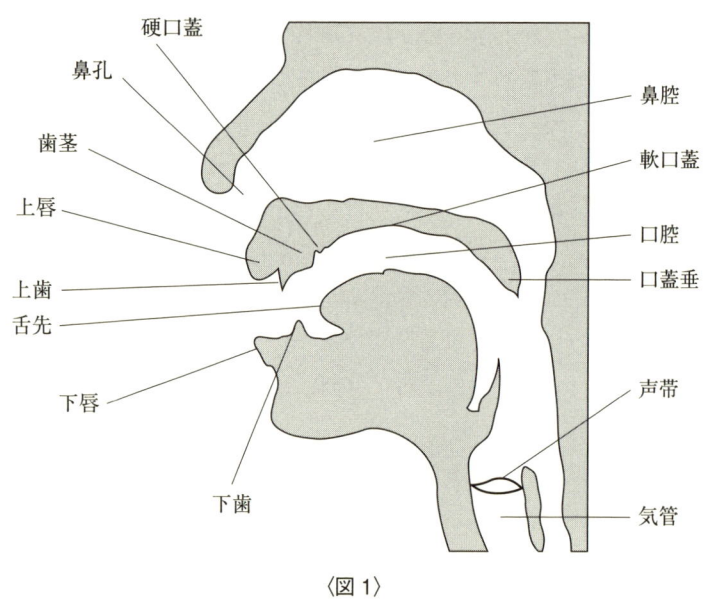

〈図1〉

　上記のようにして生成される子音は、K.Lee.Pike 以来、気流の妨げられる調音器官の部位とその妨げられた気流の口腔外への放出のされ方を経緯とする表で提示するのが一般的である。

　Pike は前者を point of articulation、後者を manner of articulation と称しているが、日本の音声学用語ではそれぞれ調音点、調音方法である。因みに、中国語のそれは"发音部位"、"发音方法"である。

　従来、一般に提示されている声母表は、つぎの〈表1〉のようである。

〈表1〉

調音点＼調音方法	破裂音		破擦音		摩擦音	鼻音	側面音
	無気音	有気音	無気音	有気音			
両唇音	b(o)	p(o)				m(o)	
唇歯音					f(o)		
歯茎音	d(e)	t(e)				n(e)	l(e)
喉音	g(e)	k(e)			h(e)		
硬口蓋音			j(i)	q(i)	x(i)		
そり舌音			zh(i)	ch(i)	sh(i)		r(i)
歯裏音			z(i)	c(i)	s(i)		

これに対して、本書においては、以下のような声母表を提示する。以下、声母表について解説していく。

〈表2〉

調音点＼調音方法	閉鎖		破裂		閉擦		破擦音	摩擦	鼻腔	側面
	無気	有気	無気	有気						
両唇	b[p̣]	p[pʻ]							m[m]	
唇歯								f[f]		
歯茎と前舌	d[ṭ]	t[tʻ]							n[n]	l[l]
軟口蓋と舌根	g[k̇]	k[kʻ]						h[ɦ]		
歯茎硬口蓋と前舌					j[tɕ]	q[tɕʻ]		x[ɕ]		
上顎と舌側面					zh[tʂ]	ch[tʂʻ]		sh[ʂ]		r[ʐ]
歯裏と舌先					z[ts̩]	c[tsʻ]		s[s]		

1. 調音点

I.P.A（International Phonetic Alphabet ―国際音声字母）の音声字母表をはじめ、個別の言語の子音表の調音点には、一般に口腔で呼気を妨げる調音器官の部位だけが取り上げられてきている。〈表1〉のように、中国語の声母表もその例外ではない。しかし、両唇音と唇歯音を除いたその他の子音の調音には、舌の各部分が調音に大きく関与している。

言うまでもなく、両唇音と唇歯音以外の子音は、上顎の調音器官に舌を

近づけたり当てたりしなければ気流を妨げたり遮ることはできないわけであり、舌のどの部分を近づけたり当てたりするかによって生成される子音が弁別される。

　管見によれば、中国語音声学の分野で、舌の関与を声母表に明記したものは見かけないが、〈表2〉の声母表の調音点の欄に舌の部位を付加したのは、舌が子音の生成に深く関与していることを明確且つ具体的に示すためである。

　言語によっては、舌の関与を「調音者」として、調音点の欄にもう1つ枠をつくり、煩瑣な子音表を提示しているものも見かけるが、舌が子音生成の主体であるかのような「調音者」というタームは適切ではない。

　子音は、前述のように、肺から送られてくる気流と、それを妨げるための舌と調音器官の部位との協働及び妨げられた気流の口腔外への放出という、3者の一連の流れによって生成される。

　料理に例えるならば、気流は食材、舌と調音器官の部位は調理器具、調音方法は調理法と言うことができよう。

　調理器具は無くとも食材さえあれば簡単な調理法で料理はできる。

　人類の初期の料理はそうであったであろうし、初期の言語も極く限られた音声の数でコミュニケーションが成立していたものと推測される。

　子音の生成に舌が大きく関与していることは確かではあるが、舌は子音生成の主体ではない。

　〈表2〉で提示した中国語の声母表は、前述のように、Pike以来の一般的な記述に準じているが、舌と調音器官の部位を合わせて「調音体」とし、「調音点」に取って代えることはできる。

　「調音体」は音響学用語として定着しているし、子音生成のメカニズムから言って、より実態を反映したタームである。

　また、〈表1〉に見られるように、中国語音声学の分野や中国語のテキストで一般に提示されている声母表の調音点、調音方法のいずれの箇所にも、例外なく、「両唇音」、「唇歯音」……、「破裂音」「破擦音」……などと「音」が付加されている。しかし、「音」は調音の結果の産物であり、「音」が調音点や調音方法であるようなことはあり得ないわけであるから、これ

らの記述は正当ではない。

　なお、この調音点には、〈表1〉に見られるように、/zh/、/ch/、/sh/、/r/ を「そり舌音」或いは「巻舌音」とするものがほとんどであるが、これは、趙元任が *Mandarin Primer*（1948年）で retroflex（反転音－前舌を起こし、反りかえらせて、舌の裏面を歯茎に向ける構えで出す音）としたことに由来している。

　趙元任が /zh/、/ch/、/sh/、/r/ を retroflex としたのは、これらの子音の生成の場合に限って舌が反りかえると捉えたことによる。

　確かに、これらの子音は他の子音と比べて調音点が口腔の奥よりであり、その分だけ他の子音より、舌の反り上げ度は高い。しかし、歯茎硬口蓋音である /j/、/q/、/x/ と比較して、舌のそり上げ度の上ではほとんど差は見られない。

　周知のように、/zh/、/ch/、/sh/、/r/ は聴覚印象として、「不明瞭なこもった音」である。

　いずれの言語であれ「不明瞭なこもった音」は、口をほとんど開けないで発声するときに生成される音である。日本の東北地方の「ズーズー弁」と言われるのがそうである。

　/zh/、/ch/、/sh/、/r/ が調音の上で他の声母と大きく異なるのは、上顎と下顎で口腔がかなり狭められることである。

　因みに、/z/、/c/、/s/ も上顎と下顎で口腔は狭められるが、両唇を左右に引いて口腔前部の歯裏で生成される。

　従って、/zh/、/ch/、/sh/、/r/ と /z/、/c/、/s/ とは調音上は、両唇を左右に引くことなく、口腔のやや奥よりで調音するか、両唇を左右に引いて歯裏で調音するかの相違である。

　〈図2〉は、/zh/、/ch/、/sh/ と /z/、/c/、/s/ とが、調音上で相違の見られるのは、舌先の位置と口形であることを示したものである。

　なお、この図で /r/ を挙げていないのは、/r/ は上顎と舌先との間にわずかな隙間をつくり、気流に震えの生ずる声母であり、/zh/、/ch/、/sh/ とは舌先の位置が少し異なるからである。

　また、/zhi/、/chi/、/shi/、/ri/ の /i/ 及び /zi/、/ci/、/si/ の /i/ が、

いずれも聞こえの明瞭な［i］ではなく、それぞれ聞こえの曖昧な中舌の［ɿ］、［ʅ］であるのは、上顎と下顎で口腔が狭められるために、「不明瞭でこもった音」となる声母と相性が良いからである。

以上の記述から明らかであるように、/zh/、/ch/、/sh/、/r/ の調音上の特徴は舌を反りかえらせることにあるのではない。ましてや、"巻舌音"はとんでもない命名である。舌を巻く作業そのものが一苦労であり、舌を巻いた結果生成される音声を想像しただけでも滑稽である。

言うまでもないことであるが、調音点の欄に「そり舌」、「巻舌」と表記するのは、気流を妨げる調音器官の部位が取り上げられている他の声母の記述と整合性にも欠ける。（/zh/、/ch/、/sh/、/r/ は23ページで詳説）

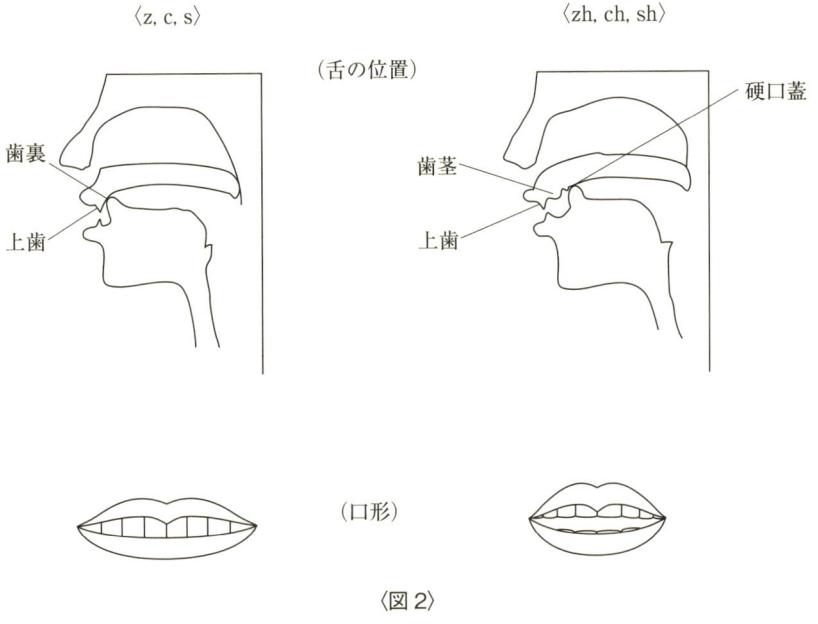

〈図2〉

2. 調音方法
閉鎖音と閉擦音

　従来、〈表1〉に見られるように、/b/、/p/、/d/、/t/、/g/、/k/ は破

裂音とされてきているが、/b/、/d/、/g/ は閉鎖をゆるやかに開放しながら調音するところにその特徴が見られる。従って、破裂音とするのは音声実態から外れることにより、〈表2〉では閉鎖音とした。

同様に、/j/、/q/、/zh/、/ch/、/z/、/c/ は破擦音とされてきているが、/j/、/zh/、/z/ も閉鎖をゆるやかに開放するとほとんど同時に摩擦が発生するのが音声実態であることにより、〈表2〉の声母表では閉擦音とした。

無気音と有気音

/b/、/d/、/g/ の I.P.A 表記に有声音に限りなく近いことを表す補助記号の /・/ を付加したのは、/b/、/d/、/g/ は音韻体系（理論上の音の体系）上、それぞれ [p]、[t]、[k] であるが、現実の発話行為に見られる音声実態としては、無声音と有声音のどちらともいえることによる。

例えば、"八十 bāshí"、"东方 dōngfāng"、"歌词 gēcí" の /b/、/d/、/g/ は無声音の [p]、[t]、[k] であるが、"三本书 sān běn shū" "我的书 wǒ de shū" "改革 gǎigé" の下線の /b/、/d/、/g/ は有声音の [b]、[d]、[g] である。

つぎに、/p/、/t/、/k/ について見ていく。

中国語の有気音の特徴は、一般に説明されているような、呼気の比較的強い aspiration（帯気）現象だけにあるのではなく、摩擦音とほとんど違わないほどの摩擦を帯びていることにもある。

中国語話者の言語生活において有気音と摩擦音の混同がしばしば見られるのはそのためである。

マージャンで摩擦音である "西 xī" を "西 xia" とするのは有気音である "七 qī" との混同を避けるためである。

因みに、"西 xī" が、/xie/ や /xin/ などではなく、/xia/ と発音されるのは、/xi/ の /i/ と音色の全く異なる /a/ を付加することによって、/xi/ との相違を鮮明にするためである。

/i/ は母音の中で、舌位（母音を調音するときの舌の一番高い位置）が最も高いのに対して、/a/ はその対極にある舌位の最も低い母音である。舌位の最も高い母音に、舌位の最も低い母音を付加することによって音声

の相違を鮮明にしているのである。

　本来は /xi/ との相違が鮮明である最適の音節は /xa/ であるが、中国語の音節の中に /xa/ は存在しないので、/xi/ に /a/ を付加する方策が取られたのである。

　これに類する事例として、いま1つ"一 yāo"がある。"一 yī"は数詞の中で唯一単母音 /i/ のみで音節を構成している。現実の発話行為において、数詞が羅列される場合、単母音1つは前後の音声環境に埋没してしまい易く、その結果として、聞き手には聞き取り難い状況が発生する。また、時には"七 qī"との混同も起こる。これを避けるために、/yao/ が誕生したのである。

　/yao/ の誕生の経緯は /xia/ の場合と同様である。/i/ と舌位で全く対極にある /a/、そして、前舌と後舌（本章第2節を参照）で /i/ と全く対極にある /u/ を付加して、/iau/ が誕生したのである。（/iau/ は"汉语拼音方案"では /iao/ と表記することとされている）

　さて、記述を本題に戻す。

　学習者に対して、発音指導をする際に、「有気音は呼気を強く荒々しく出す音」などと言って、紙に呼気を吹きかけて紙を震わせて見せたり、チョークの粉を飛ばして見せたりするのは、如何にもまずい。それは、/p/ に限っては、紙が震えたり、チョークの粉も飛んだりするが、/t/、/k/ には、呼気を吹きかけても紙が震えたり、チョークの粉が飛んだりするようなことはほとんど起こらず、/q/、/ch/、/c/ の破擦音に至っては、紙は全く震わないし、チョークの粉も全く飛ばないからである。

　有気音の大きな特徴の1つである摩擦は気流の通路を狭めて生成する音である。

　/p/ は、両唇の合わせを開放して、唇で狭めを形成し、そこに気流を通せば摩擦が発生する。

　/t/ は歯茎と舌先で、/k/ は軟口蓋と舌根で、同様の要領により摩擦が生成される。

　/q/、/ch/、/c/ もそれぞれ、歯茎硬口蓋と前舌、上顎と舌側面、歯裏と舌先で同様の要領により摩擦が生成される。

尤も、/q/、/ch/、/c/ は破擦音であり、破裂に引き続いて摩擦の伴う声母であって、無気音である閉擦音の /j/、/zh/、/z/ も合わせて、本来的に摩擦性を有している。したがって、より正確に言えば、/p/、/t/、/k/ は、無気音 /b/、/d/、/g/ には見られない摩擦性を伴った声母であり、/q/、/ch/、/c/ は無気音 /j/、/zh/、/z/ よりも、より摩擦が強い声母である、ということである。

　無気音 /b/、/d/、/g/ は、閉鎖が瞬間的に開放されるのであるが、有気音 /p/、/t/、/k/ は開放に引き続いて摩擦を産出するために、一定時間狭めが形成される。無気音 /j/、/zh/、/z/ は、閉鎖が瞬間的に開放され、その開放とほとんど同時に摩擦が生成されるのであるが、有気音 /q/、/ch/、/c/ は、より強い摩擦を生成するために、一定時間狭めが持続される。

　例えば、/bo/ は、/b/ の調音に間髪を入れず /o/ を発するのに対して、/po/ は、/p/ の調音に摩擦をさせるための一定時間を費やし、わたり音の /u/ が微かに入って /o/ が発せられるのである。

　世界の言語には、無声音と有声音によって意味を区別するものが多い。日本語、英語がそうである。

　例えば、「カラス」と「ガラス」、pig と big などがその例である。

　日本の国語教育の世界では無声音を清音（澄んだ音）、有声音を濁音（濁った音）と称している。

　中国語はこれらの言語とは異なり、無声音と有声音によって意味を区別する言語ではない。中国語は、限りなく有声音に近い無声音と、限りなく摩擦音に近い気音を伴った無声音によって、意味を区別する言語である。

　日本語では一般に、前者を「無気音」、後者を「有気音」と称している。

　因みに、中国語では、無気音は"无出气音"、"不送气音"、有気音は"出气音"、"送气音"である。

　このことは以下のように示すことができる。

意味を区別する子音の世界
〈日本語・英語と中国語との比較〉

日本語	（濁音）	（清音）	
	有声音	無声音	
英語			
I.P.A	[b] [b̥]	[p̬] [p]	[pʻ] [pʰ]
中国語	無気音		有気音

注）[ ] 内の /̥/、/̬/、/ʻ/、/ʰ/ は I.P.A の補助記号である。[b̥] の /̥/ は、有声音ではあるが、無声音を帯びた、或いは無声音に近いことを表し、[p̬] の /̬/ は、無声音ではあるが、有声音を帯びた、或いは有声音に近いことを表す補助記号である。

また、[pʻ] の /ʻ/ は、呼気を比較的強く出す時に生ずる気音を伴なった帯気性の音であること、[pʰ] の /ʰ/ は、帯気性がさらに強いことを表す補助記号である。

また、[pʻ]、[pʰ] 及び〈表2〉の声母表の [tʻ]、[kʻ] の /ʻ/ は摩擦を帯びていることを表す補助記号である。

〈図3〉

〈図3〉は、日本語・英語と中国語において意味を区別する世界の異なることを分かり易く示したものである。学習者に対して、正確に説明し、しっかりと理解させなければならないことは、中国語で意味の区別に用いられる有気音は、日本語や英語の日常の発話行為において、意味の区別には使われないが、実際にはしばしば使用されているということである。

例えば、父親に小遣いをおねだりしている子供が、父親がなかなか小遣いをくれようとしないのに業を煮やして、「ねぇー、パパったらー、ちょうだいよ。」などと言うとき、「パパ」の最初の「パ」の子音は [pʻ] や [pʰ] であり、2つ目の「パ」の子音は [p] である。しかし、[pʻ] 或いは [pʰ] と [p] は日本語では意味を区別しないので、日本語話者は、その相違には無頓着であり、話し手である子供も、聞き手であるお父さんも或いは第三者がいたとすればその第三者のいずれもが、この2つの [pʻ] と [pʰ] は2つ目の「パ」

の子音である［p］と同一の音であると認識しているだけのことである。

　英語においても、例えば、park, trade, kitchen など、語頭の無声破裂音である /p/、/t/、/k/ などは強い気音を伴い、［pʻ］［pʰ］、［tʻ］［tʰ］、［kʻ］［kʰ］であるが、例えば、super, sharp, inter, count, sky, park など、語中や語尾の無声破裂音である /p/、/t/、/k/ には全くと言ってよいほど気音は伴っていない。しかし、英語は、子音が気音を伴っているかいないかによって意味を区別する言語ではないので、英語話者はこれらを同一の /p/、/t/、/k/ であると認識している。

　また、中国語話者で呉方言地区の出身者を除いて、そのほとんどが、例えば、「ぼく」と「ぽく」の区別ができないなど、有声音（濁音）と無声音（清音）の区別を苦手としているが、その理由は、中国語は無声音と有声音によって意味を区別する言語ではないことによって、中国語話者には、耳でそれを聞き分けたり、口でそれを言い分けたりするのが難しいからである。

無気音の実態

　〈表2〉の声母表では両唇の無気音は［p̥］と表記したが、/b/ は現実の発話行為においては、厳密に言えば、［b］、［b̥］、［p̥］、［p］の4類が使用されている。

　以下にその具体例を挙げる。

1. 軽声音節や弱化音節（第3章—第3節を参照）或いは第三声の場合の無気音 /b/ は、そのほとんどが有声音［b］で発音される。

    /b/ ［b］：尾巴（wěiba）、卡布奇诺（kǎbuqínuò）

2. つぎのように明確な表明の求められるような場合は、無声音［p］で発音される。

    /b/ ［p］：A：几岁了？
    　　　　　B：八岁。（Bā suì）

3. 上記の場合を除けば、通常は [b̥]、[p̥] で発音されることが多い。

その他の無気音 /d/、/g/、/j/、/zh/、/z/ については、それぞれ語例や表現例を示さないが、これらの無気音においても同様の様相が見られることは言うまでもない。

以上見てきたことから、〈表2〉の声母表には、無気音は本来それぞれ以下のように表記するのが妥当であるということになる。

/b/ － [b、b̥、p̥、p]
/d/ － [d、d̥、t̥、t]
/g/ － [g、g̥、k̥、k]
/j/ － [dɕ、d̥ɕ、t̥ɕ、tɕ]
/zh/ － [dʂ、d̥ʂ、t̥ʂ、tʂ]
/z/ － [dz、d̥z、t̥s、ts]

しかし、音韻体系上、これらは無声音と位置付けするのが妥当であることと、スペースの制約もあり、これら4つの中で、限りなく有声音に近い無声音の出現頻度が最も高いことにより、〈表2〉の声母表では、[p̥]、[t̥]、[k̥]、[t̥ɕ]、[t̥ʂ]、[t̥s] とした。

摩擦音 /f/ と /h/

/f/ は英語の /f/ と同じであり、一般に日本語話者が苦手とする音である。

この /f/ は、同じ摩擦音である /h/ と対比させ、その相違を学習者に実感させることが有効である。

/f/ は、口腔の一番前で上歯を下唇に軽く当てて呼気の流れを妨げて摩擦をさせる音であり、/h/ は口腔の一番奥で、舌根を軟口蓋に近づけて呼気の流れを妨げて摩擦をさせる音である。

従って、/f/ と /h/ の最大の相違点は、口腔の一番前で調音するか、一番奥で調音するかであり、例えば、/f/ は上歯を下唇に当てることなく、両唇を軽く合わせてその隙間から呼気を放出する日本語の「ふ」の子音

[ɸ] で代替しても聞き手に誤解を与えることは先ずない。

　それは、中国語の現実の発話行為においては /f/ のほとんどが [ɸ] であるからである。

　[ɸ] は両唇をやや横に開いた平口として気流の通路を狭め、ローソクの火を消すときに息を吹きかける要領で呼気を放出する時に発生する摩擦音である。

　一方、/h/ [ɦ] は、寒い時に手に息を吹きかける時に発生する摩擦音である。このとき、軟口蓋と舌根によって、気流の通路が狭められている。

　以上説明してきた /f/ と /h/ は、つぎのような語例を用いた発音練習によって、学習者にその相違を実感させることができよう。

　　① fū（夫）— hū（呼）　　　② fēi（飞）— hēi（黑）
　　③ fàn（饭）— hàn（汉）　　④ fùlì（富丽）— hùlì（互利）
　　⑤ kāifā（开发）— kāihuā（开花）
　　⑥ fāngfǎ（方法）— Huánghé（黄河）
　　⑦ fànhé（饭盒）— héfú（和服）

/zh/、/ch/、/sh/、/r/

　つぎに、一般に学習者にその習得が難しいとされている /zh、ch、sh、r/ について見ていく。

　/zh/、/ch/、/sh/、/r/ の調音上の特徴は、前述のように、舌を反り上げることではなく、上顎と下顎で口腔を狭め、上顎と下顎で呼気の流れ（気流）を妨げることである。

　日本語においても、拗音は口腔をこの構えに比較的近い状態で発音されているし、英語で一般に２文字で表記される摩擦音（sh、ch など）もほぼ同様である。

　/sh/ [ʂ] は日本語のサ行拗音「シャ [ʃa]、シュ [ʃɯ]、ショ [ʃo]」や英語の sharp、shrine の sh [ʃ] に極めて近い音であり、この [ʃ] は日本語話者には馴染みの音である。

　この /sh/ を調音する時と全く同じ口腔の構えをし、「チ」や「ヂ」を出

すと /zh/ [tʂ] を生成することができ、また上顎と舌側面で少し隙間を作って気流を通せば摩擦が生じ /ch/ [tʂʰ] を生成することができる。

/r/ [ɻ] は /zh、ch、sh/ とはやや異なり、/sh/ よりもやや呼気を強め、細かい震えを伴った音である。

この /r/ [ɻ] は音韻体系上は /sh/ [ʂ] の有声音 [ʐ] であり、この有声音は台湾の"國語"に継承されている。従って、"普通话"の"日本 Rìběn"の /ri/ は、磁器を軽く叩いた時に出る澄んだ「リ」に聞こえるが、台湾の"國語"の"日本　Rìběn"の /ri/ は陶器を軽く叩いた時に出る濁った「ジ」に聞こえる。

因みに、マルコ・ポーロの『東方見聞録』に見られる Zipangu（元来の記述は Cipango）は、元の都の人々が"日本国 Ri ben guo"と呼んでいたのをマルコ・ポーロが Zi pan gu と聞き取ったものである。

マルコ・ポーロは [ɻ] を [ʂ] の有声音である [ʐ] に近い /z/、/ben/ の /e/ の [ɚ] を /a/ と聞き取り、/guo/ の /o/ を聞き取っていなかったのである。

なお、日本語話者は、口腔の調音器官の部位や舌の動きをとり上げた説明には総じて弱い。この点は国語を大切にしているフランス語話者とは対照的である。

中国語の発音教育において最も大切なことは学習者が効率よく音声をマスターすることである。

従って、学習者の特性を見定めて、それに合致した教育方法でなければならない。聞く耳を持たない学習者に対して、調音器官を図で示したり、音声学用語を並べたりするのは学習者の学習意欲を削ぐのが落ちである。

例えば、/zh/、/ch/、/sh/、/r/ は、呼気を妨げるのが上顎と下顎の狭めであろうと、或いは一般に前舌面を硬口蓋に軽く当てると言われているが、それが硬口蓋ではなく、歯茎であろうと歯裏であろうと、或いは軽く当てるのは前舌面ではなく舌先であろうと、或いは舌をどこにも当てなくとも、それに近い音が出せればよいのである。

中国語話者であっても細かく言えば、個人個人で調音点も調音方法も異なっているのが実態であり、日本の中国語教師の調音にも個人差が見られる。

オウムの口腔は人間のそれとは全く異なる形体でありながら、人間の言語をあれほどまでに上手に真似のできることは極めて示唆的である。

この点において、永らく民間で中国語を教え、中国語の音声教育の上でいろいろ工夫を凝らしてこられている人のコツには耳を傾けなければならないものがある。

しかし、そうであるからと言って、中国語を教える立場にある人に言語音の生成のメカニズムを学ぶ必要はないとか、どんな教え方でも結果が出せればそれでよいなどと言っているのではない。

中国語を教える教師としては、中国語という言語の音声の成り立ちや音声変化の法則などを音声学的に的確に把握し、その上で、音声教育の指導法を考えたり、工夫を凝らさなければならないことは言うまでもない。

/l/ と /r/

つぎに、学習者が混同し易い /l/ と /r/ について見ていく。

/l/ は歯茎に前舌を当てて気流を妨げるので、気流は口腔の前面ではなく、左右の両側面から口腔の外へ放出される。

一方、/r/ は、上顎に舌の主として両側面を近づけて気流を妨げるので、気流は口腔の前面から放出される。

このことを図で示すと以下のようになる。

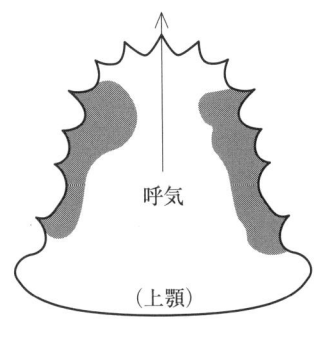
/ r /

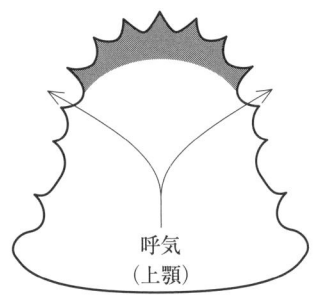
/ l /

〈図4〉

/r/ の調音については前述したので、ここでは /l/ について、日本語のラ行子音と比較して説明する。

日本語のラ行子音は日本語音声学では、「弾き音」、「顫音」とされているが、それは正確ではない。

日本語のラ行子音に明らかな「弾き」や「震え」が伴うのは、先行音節の子音が無声破裂音の場合に限られる。

例えば、つぎの語例の下線部のラ行子音には、明らかに、弾きや震えが観察される。

　　た<u>ら</u>（鱈）、　か<u>た</u>り（語り）、　た<u>る</u>（樽）
　　た<u>れ</u>（垂れ）、　た<u>ろ</u>う（太郎）

ここでは先行音節がタ行子音の例語を挙げているが、カ行子音、パ行子音などの無声破裂音の場合も全く同様である。

一方、後続音節が撥音である場合は、ラ行子音には「弾き」や「震え」の現象は全くみられない。

例えば、つぎの語例の下線部のラ行子音がそうである。

　　<u>ら</u>んどせる（ランドセル）、　<u>り</u>んご（リンゴ）、　<u>る</u>んば（ルンバ）
　　<u>れ</u>んげ（蓮華）、　<u>ろ</u>んご（論語）

中国語の /l/ は、「弾き」や「震え」の全く見られない日本語のラ行子音とほとんど同一の音である。

従って、学習者にはこのことを理解させ、つぎのような語例で /r/ と /l/ の相違を実感させることができよう。

① lì — rì（历—日）　　② luò — ruò（落—弱）
③ rénlèi（人类）　　　④ lìrùn（利润）
⑤ tiānrán — tiānlán（天然—天蓝）
⑥ chūlù — chūrù（出路—出入）

/b/、/p/、/m/

　中国語の両唇音 /b/、/p/、/m/ は日本語のバ行、パ行、マ行子音よりも両唇の合わせ強度がはるかに高い。この現象は中原音の古い時代から今日の北京語にまで継承されてきている。金田一春彦に、「日本語には例外的に撥音で始まる語が2つある。それは馬［ンマ］と梅［ンメ］である。」との指摘が見られるが、これは日本人が「ウマ」と「ウメ」の「ウ」を「ン」と聞き取るほどに両唇の合わせ強度の高いことを表しているよい例である。

　余談ではあるが、このように見てくると、「ウマ」も「ウメ」も音読であることとなり、日本語で、「馬」は音読が「バ」、「メ」、訓読が「ウマ」、「梅」は音読が「バイ」、訓読が「ウメ」とされていることが根底から覆ることとなる。

第2節　母音

　母音は、肺からの気流が声帯を通過するとき、声帯を振動させるとともに、舌先を歯茎に近いところまで反り上げたり、舌をぐっと奥に引いて舌根を大きく盛り上げたり、或いは口を大きく開けて舌の中央部をやや盛り上げたりして、口腔の体積を変化させることによって、肺から送られてくる気流の共鳴の度合いを異ならせることによって生成される。

　つまり、/a/ のような舌位の低い母音は、舌位が低い分だけ口腔の体積が大きくなり、体積が大きくなると体積が大きくなる分だけ一秒間に共鳴する度合が低くなる。

　一方、/i/、/u/ のような舌位の高い母音は、舌位の高い分だけ口腔の体積が小さくなり、体積が小さくなる分だけ1秒間に共鳴する度合が高くなる。

中国語の母音

　中国語の母音は、"汉语拼音方案"の表記では、/i/、/e/、/a/、/o/、/u/、/ü/、の6類であるが、音韻体系の上では /e/ と /o/ は同一の母音で

ある。一音節の中で、/e/ と /o/ が共起しないのはそのためである。

なお、/ê/ を母音の一類とするものも見かけるが、/ê/ は感動詞専用の母音であり、感動詞専用の母音は日常の発話行為においては /ê/ 以外にも多数存在する。従って、ここではそれらは母音として取り上げないこととする。

母音は、音声学の世界では舌位、音響学の世界では、第一フォルマント（formant）を縦軸、第二フォルマントを横軸とする図によって示すのが一般的である。

前述のように、母音の生成メカニズムから言えば、舌位によって口腔の体積が異なり、そのことによって1秒間に共鳴する度合いが異なるわけであり、この共鳴の度合いの異なりを音響学的にはフォルマント値の異なりとするのであるから、母音を図で表す場合、舌位で表しても、第一フォルマントと第二フォルマントを経緯とする図で表してもその結果にほとんど差異はない。

中国語の母音と日本語の母音

以下に、中国語の母音と日本語の母音の概略図を示す。

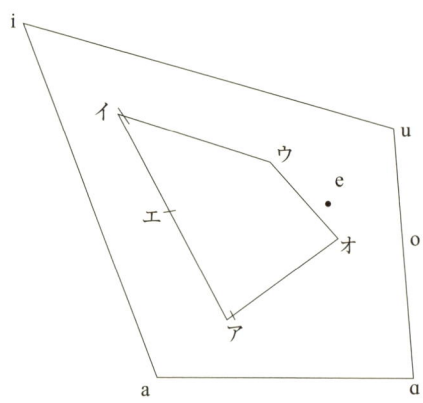

注）図から明らかであるが、ローマ字表記は中国語の"汉语拼音方案"の母音、片仮名表記は日本語の母音を表している。

〈図5〉中国語の母音と日本語の母音

ここで日本語の母音図を加えたのは、日本語話者に中国語の音声を教育する際、この図は有効に活用することができるからである。

　概略図としたのは、本書は中国語の音声教育に寄与することを目的として編まれたものであり、中国語の音声学を専門とする人を対象としていないからである。

　母音は通常、舌位の高い母音と舌位の低い母音に分けられるだけではなく、前よりの狭い母音（前舌母音）と後よりの広い母音（後舌母音）にも分けられる。このタームは、以下の母音の記述にしばしば使用する。

　さて、〈図5〉で一見して明らかであるように、中国語の所謂母音四角形と日本語のそれとの間にはかなりの相違が見られる。

　このことは、第2章の声調で詳説するが、日本語話者の日本語の声域（声の高低の幅）は、およそ100Hzから250Hzであり、中国語話者のそれはおよそ100Hzから400Hzであることと深くかかわっている。

　つまり、日本語話者の声域が狭いということは、日本語を話すときの高い音と低い音との幅が狭いということであり、そのことは〈図5〉の母音四角形の相違に如実に現れている。

　具体的に言うと、中国語の /i/、/a/、/u/ は言うまでもなく、中舌母音である /e/、/o/ も日本語の「イ」、「ア」、「ウ」、及び「エ」、「オ」に比べて鋭く、明瞭な音であるということである。

　この音声実態を踏まえたうえであろうか、あるいは誰かがどこかで指摘していることに準えてであるのか分からないが、例えば、中国語のテキストなどでは例外なく「/a/ は日本語の「ア」よりも口を大きく開けて出す /a/ である」とか、「/o/ は日本語の「オ」よりも口を丸めて出す /o/ である」などと言った説明がなされている。

　実験音声学的なデータの上から見ても、このような説明に近いフォルマント値であることは確かではある。

　しかし、日本語話者に対する中国語の音声教育において、中国語の母音は日本語のそれとことごとく異なるとし、「中国語の /o/ は日本語の「オ」よりも口を丸めて出す /o/ である」などと説明すると、学習者は恐怖を覚えるのが落ちであろう。このような説明は百害あって一利なしである。

現に、中国語話者は日常の発話行為において、〈図5〉の母音四角形に位置付けされた母音通りに発音することはほとんどなく、これらの母音が出現する前後の音声環境の影響を受けて、中国語の /a/、/o/、/i/ は日本語の「ア」、「オ」、「イ」とほとんど変わりない場合が多い。

　従って、日本語話者に対する中国語の音声教育においては、/i/、/a/、/o/ は日本語の「イ」、「ア」、「オ」と同じ音と説明したり、発音練習をしても、何ら差支えない。

　但し、/u/ は別である。

中国語の母音 /u/

　〈図5〉の母音四角形で明らかであるように、中国語の /u/ は日本語の「ウ」とは大きく異なる。

　この /u/ こそは、口をすぼめるように丸め、そのすぼめるように丸めた口を前に突き出して出す「ウ」である。

　世界の言語の中で、日本語の「ウ」は特別変った珍しい [ɯ] である。

　日本語でも関西方言は関東方言に比べてやや口を丸めた「ウ」ではあるが、国語は関東方言が標準音となっており、その「ウ」は曖昧な口の構えをして発する [ɯ] である。(32ページの〈図6〉参照)

　日本語の「ウ」がそうであることによって、日本語話者にとって中国語の /u/ は難しく、逆に非日本語話者が日本語を学習する際、この「ウ」は極めて難しいのである。

　因みに、外国からシンガーやボーカルグループが来日してライブをする場合、日本の聴衆に対してサービスとして日本の歌を慣れない日本語で唄うことが多いが、その場合彼らの「ウ」、「ク」、「ス」、「ツ」、「ヌ」、「フ」、「ム」、「ユ」、「ル」は一様に奇異に聞こえる。例えば、「サクラ」を唄う場合、日本語話者であれば、サクラ…、サクラ…と唄うが、彼らはサクゥーラ、サクゥーラと唄う。それは日本語の「ウ」を発音することができなく、母語の [u] で代替しているからである。

　世界のほとんどの言語で使用されている /u/ は中国語の /u/ と同じこの [u] である。

この [u] を正確にマスターしなければ、第2章で言及する介母の /u/ を意識的、且つ明瞭に発音することもできない。

中国語の母音 /ü/

いま1つ、母音で重要なのは /ü/ である。

1976年までは、この /ü/ は、中国語の音声教育の上では、「ドイツ語の /ü/ と同一の音であって、日本語の「ウ」の口の構えをして「イ」を出す、或いは「イ」の口の構えをして「ウ」を出す音」と説明されてきた。

しかし、ドイツ語の /ü/ は [ʉ] であり、中国語の /ü/ は [y] であって、[ʉ] と [y] は聞こえにおいてもかなり異なる音である。

日本語の母音を使って説明するとすれば、「中国語の /ü/ [y] は、「イ」の口の構えをして「ユ」を出す或いは「ユ」の口の構えをして「イ」を出す音」と説明するのが妥当である。

学習者に対しては、/u/、/ü/、/i/ をセットにして、つぎのような例語を取り上げ、例語の発音練習を通して、これらの母音の特徴と、これら3つの母音の相違を実感させることができよう。

なお、この3つの母音の相違は、発音する際の唇の形体の相違で明確に見てとることができるので、学習者に唇の形体を見せ、模倣させるのが有効である。日本語話者は一般に口腔内の調音器官や舌の動きには鈍感であるが、目で見える唇の形体を模倣することはたやすいことであるからである。

従って、発音練習の前に、唇を丸めて前に突き出す /u/、唇の丸めを納めて、日本語の「ユ」の口の構えをして「イ」をだす /ü/、唇の両端をさらに左右に引いて出す /i/ という順に、唇の形体の変化を体得させておくと、語例の発音練習はより一層効果的である。

 1) /u/ と /ü/
  ① zhū — jū（珠—居） ② chún — qún（纯—裙）
  ③ shǔ — xǔ（暑—许） ④ jìlù — jìlǜ（记录—纪律）
  ⑤ xiàwǔ — xiàyǔ（下午—下雨）
  ⑥ shǒushù — shǒuxù（手术—手续）

2) /ü/ と /i/

① yú — yí（于—移）、　lǜ — lì（绿—力）、　nǚ — nǐ（女—你）
② bǐyù — bǐyì（比喻—比翼）、　liánxù — liánxì（连续—联系）
③ shūjú — shūjí（书局—书籍）

中国語の母音 /e/

さらに、中国語の母音の中で注意を要するのは /e/ である。

〈図6〉を見てみよう。

/e/ の原籍は〈図6〉で黒丸でマークした位置の母音 [ɤ] である。

中舌母音の中で最も中舌である母音は、英語の girl [gəːl] などの [ə] である。

〈図6〉からわかるように、中国語の /e/ はこの [ə] と極めて近い音である。

言語一般において、中舌母音の調音は総じて難しい。それは一般に「曖昧母音」と言われているように、調音の際の口の構えも曖昧であり、生成された音も不明瞭であるからである。

しかし、この [ə] や [ɤ] は、生意気な高校生などが、授業で出席を取られるときなどのぞんざいな返事に見られる音に近く、それを思い起こ

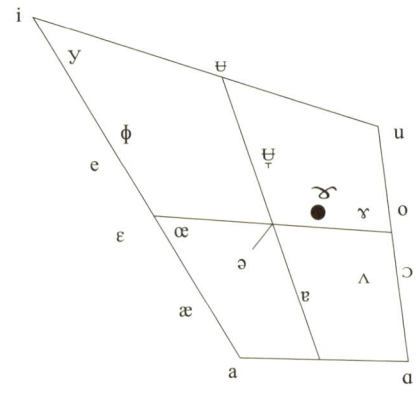

〈図6〉

せばさほど難しい音ではない。

　中舌母音はそれぞれ原籍はあるものの、常に不安定な母音であるために、中舌母音の前後に来る音声の影響を受けて変化し易い母音である。

中舌母音 /e/ の音声変化

　中舌母音 /e/ には、音声環境によって、つぎのような音声変化が見られる。

1) /ei/、/en/、/ie/、/üe/ のように /e/ の後に前舌で舌位の高い音がある場合や、調音点が歯茎である /n/ が後続する場合、或いは /e/ の前に舌位の高い母音が先行する場合は、その舌位や調音点の影響を受けてその聞こえは限りなく［e］に近くなる。
2) /eng/ のように、軟口蓋や口腔の奥の部分で調音される /ng/ が後続する場合は、その調音部位の影響を受け、同じ中舌母音ではあっても、/e/ よりも奥寄りで限りなく「オ」に近い［ɤ］になる。
3) /e/ が単独で1音節を構成する場合は、原籍の［ɤ］であるが、声母と結合して音節を構成する場合は声母の調音点によって、つぎのような変化が見られる。
   (1) /ge/、/ke/、/he/ の場合は /g/、/k/、/h/ の調音点が軟口蓋であるため、/e/ は限りなくオに近い［ɤ］となる。
   (2) /de/、/te/、/ne/ および /ze/、/ce/、/se/ の場合は、/d/、/t/、/n/ と /z/、/c/、/s/ の調音点がそれぞれ歯茎と歯裏であることにより、その影響を受けて［ɤ］よりも前よりのやや「ア」を帯びた［œ］となる。
   (3) /zhe/、/che/、/she/、/re/ の場合は、/zh/、/ch/、/sh/、/r/ の調音点はどちらかと言えば上顎の中央部であって、/g/、/k/、/h/、と /d/、/t/、/n/、/l/ 及び /z/、/c/、/s/ の調音点の中間であるため、［ɤ］よりもさらに「ア」を帯びた［ə］となる傾向が強い。
   (4) 軽声音節において、韻母が単独の /e/ である場合は、中舌化の

度合いがより一層強まり、聞こえは曖昧な「ア」に近い [ɐ] になる。

3) の(1)、(2)、(3)のように、「声母 + /e/」の場合は声母の調音点の相違により [ɤ] に多少の変化は見られるが、総じて「ア」を帯びた「オ」である。

以上述べてきたことは、現実の発話行為に見られる音声実態であることに相違はないのであるが、重要なことは、いずれの場合においても、/e/ の原籍音である [ɤ] が生きているということである。

「限りなく〜に近い」、「〜に近い」、「やや〜を帯びた…」などというやや曖昧な記述の仕方をしているのはそのためである。

中国語の母音 /i/

つぎに /i/ について見ていく。

/i/ に異なる三つの音が存在するのは"汉语拼音方案"における正書法（俗には表記法）の産物である。

"汉语拼音方案"は中国語という言語の文字ではなく（中国語の文字は漢字）、表音表記であるが、その表記に使用しているローマ字には中国語特有の読み方のきまりが定められている。

世界の言語の中で、ローマ字を文字として使用している言語は1500以上存在するが、それぞれの言語にはそれぞれ独自の読み方のきまりが定められている。

仮名は日本語に固有の文字であるが、この仮名にも、言うならば勝手な読み方のきまりが定められている。

例えば、「は」は助詞として使用される場合は /ha/ ではなく /wa/ と読まなければならないというきまりがそうである。日本語学習者が、「『は』は /ha/ であり、/wa/ は『わ』であるにもかかわらず、何故に『は』と書いて『わ』と読まなければならないのか」と怒りを覚えたところでどうしようもない。そういうきまりなのである。

上述した /e/ の諸相は、/e/ に先行或いは後続する音声環境に伴って発生する音声変化であるが、ここで述べる /i/ の諸相は表記上のきまりで

あって全く異質のことである。

　音声変化は微妙な現象であり、例えば、前述の /e/ の1) で、/ei/、/en/、/ie/、/üe/ の /e/ は、聞こえは限りなく [e] に近いとしたが、厳密に言えば、これら4つの場合の /e/ は、舌位も、フォルマント値も微妙に異なっている。

　しかし、/i/ の諸相は定められたきまりであって、ぶれることはない。

　1) /bi/、/pi/、/mi/、/di/、/ti/、/ni/、/li/ 及び /ji/、/qi/、/xi/ の /i/ は日本語の「イ」と同じ [i] である。

　2) /zi/、/ci/、/si/ の /i/ は [ɿ] で、スエーデン語にも存在する母音である。口の両端を横に引き、上歯と下歯を接近させ、歯裏に舌先を当てて、/z/、/c/、/s/ を調音し、それに続けて最も自然に産出される母音であり、聞こえは「ウ」である。

　3) /zhi/、/chi/、/shi/、/ri/ の /i/ は [ʅ] で、これもスエーデン語に存在する母音であるが、/zh/、/ch/、/sh/、/r/ を調音し、それに続けて最も自然に産出される母音である。聞こえは「イ」とも「ウ」とも言えるような、どちらとも言えないような、どちらかと言えば「イ」に近い音である。

　ここで、音声教育上重要なことは、/i/ には [i]、[ɿ]、[ʅ] の3つの場合があることと、3つの場合それぞれについて上述のように、一通り説明した上で、それらを、例えば、下記のような具体的な語例の発音を通して学習者にその相違を実感させることである。

　なお、④〜⑨は日本語話者が最も苦手とする [u] と [ɿ] の区別を練習するための語例である。

　/zi/、/ci/、/si/ の、口の左右の両端を横に引く動きと、/zu/、/cu/、/su/ の、口唇を丸めて前に突き出す一連の動きを、ゆっくりとそれぞれ交互に繰り返す練習は有効である。

　① jī — zhī — zī 　（鸡—知—资）
　② qí — chí — cí 　（骑—池—词）
　③ xī — shī — sī 　（惜—诗—私）

④ zǐ — zǔ　（姿—组）

⑤ cì — cù　（刺—醋）

⑥ sì — sù　（四—速）

⑦ cùsǐ　（猝死）

⑧ cízǔ　（词组）

⑨ súzì　（俗字）

第3節　/-n/ と /-ng/

　/-n/、/-ng/ は、音声学では厳密に言えば母音とは認定されていない。しかし、音響学的には、子音とは全く異なり、明瞭な正弦波ではなく、ぼんやりとはしているが一定の周波をもつ母音に近い姿で現れる。

　一般に、音節末尾音である /-n/、/-ng/ を半母音、半子音と称しているのはそのためである。

　歴史的には中古漢語の頃まで、いま1つ韻尾に /-m/ も存在していた。そのことは、例えば、「三位一体」を「saNmi ittai」と言う日本漢字音からも窺い知ることができる。

　さて、韻尾に /-n/、/-ng/ のある音節は、全音節 411 の中で 176 存在する。一般に中国語の音声教育においては、このことを理由にして、/-n/、/-ng/ の区別は大切であると力説して、それらを単独で発音練習することが多い。筆者も中国語を習い始めた頃、「/-n/ は舌を噛みなさい」と言われて舌を前に出して噛んだり、「/-ng/ は鼻から息を抜きなさい」と言われて頷くように頭を上下に動かし、鼻の穴を大きく膨らませたりさせられた。中国語話者は舌を噛んだり鼻から息を抜くような発音を本当にしているのだろうかと思い、先生に不信の念を抱いたものであるが、むかしの先生は怖かったのでそんなことを聞き正すようなことはできなかったものである。現在でも残念ながらこれに近いような説明をしたり、発音の要領としているものをしばしば目にする。

　中国語は音節の独立性の強い言語であり、この点で日本語とは異なる言

語ではある。しかし、日本語においても撥音「ん」を単独で発音の練習をすることはできない。もっと正確に言えば、単独で発音したり、発音練習のしようがないのである。

　日本語の撥音「ん」は、つぎのように先行する音節や後続する音節によって、その音が定まる。

　1）撥音「ん」が語尾や文末の場合

　　　母音が、前よりの母音であるか、後寄りの母音であるかによって、その音が定まる。

　（1）先行する音節の母音が /a/ であるとき

　　　/a/ が前寄りでも、後寄りでもない中位の母音であることにより、[n] となる場合と [ŋ] となる場合がある。

　　　　例えば、

　　　　　koaN（公安）… [n]、[ŋ]

　　　　　kokaN（高官）、kosaN（降参）… kowaN（港湾）など、すべての行のア段も同様である。

　（2）先行する音節の母音が /i/ であるとき

　　　/i/ が最も前寄りの母音であり、舌位が歯茎に近いことにより、[n] となる。

　　　　例えば、

　　　　　koiN（公印）… [n]

　　　　　kokiN（公金）、kosiN（行進）…koriN（後輪）など、すべての行のイ段も同様である。

　（3）先行する音節の母音が /u/ であるとき

　　　/u/ が最も後寄りの母音であり、舌位が軟口蓋に近いことにより、[ŋ] となる。

　　　　例えば、

　　　　　kouN（幸運）… [ŋ]

　　　　　kokuN（校訓）、kohuN（興奮）など他の行のウ段も同様である。

⑷　先行する音節の母音が /e/ であるとき

/e/ が比較的前寄りの母音であることにより、[n] となる傾向が強い。

例えば、

　　k̄oeN（公園）… [n]

　　k̄okeN（貢献）、k̄oseN（公選）…k̄oheN（後編）など、すべての行のエ段も同様である。

⑸　先行する音節の母音が /o/ であるとき

/o/ が比較的後寄りの母音であることにより、[ŋ] となる傾向が強い。例えば、

　　k̄ooN（高温）… [ŋ]

　　k̄okoN（黄昏）、k̄osoN（荒村）…k̄oroN（口論）など、すべての行のオ段も同様である。

2）撥音「ん」が語中の場合

⑴　後続音節の子音の調音点が両唇であるとき

後続音節の子音の調音点が両唇であることの影響を受けて、[m] となる。

例えば、

　　siNmai（新米）… [m]

　　siNpo（進歩）、siNbou（辛抱）など、後続音節がマ行、パ行、バ行子音の場合は、一様に [m] となる。

⑵　後続音節の子音の調音点が歯茎であるとき

後続音節の子音の調音点が歯茎であることの影響を受けて、[n] となる。

例えば、

　　siNdai（寝台）… [n]

　　siNsai（震災）、siNtai（身体）、siNnai（心内）、siNrai（信頼）など、歯茎を調音点とする子音が後続音節である場合は、それに先行する撥音は [n] となる。

(3) 後続音節の子音の調音点が軟口蓋であるとき
　　後続音節の子音の調音点が軟口蓋であることの影響を受けて、[ŋ] となる。
　　例えば、
　　　siNgaku（進学）…［ŋ］
　　　siNki（新規）など、後続音節がカ行、ガ行子音である場合は、それに先行する撥音は［ŋ］となる。

　一方、音節の独立性の高い言語である中国語には、日本語で見られるような前後の音節の音声環境の影響を受ける現象は基本的には存在しない。
　然らば中国語話者は /-n/、/-ng/ をどのように言い分け、聞き分けているのであろうか。
　結論を言えば、中国語話者は、/-n/、/-ng/ そのものを言い分けていないし、/-n/、/-ng/ そのものを聞き分けていないということである。

/an/ と /ang/

　例えば、/an/、/ang/ を例に挙げて言うならば、/-n/ の前の /a/ は /n/ が歯茎に舌前を当てて口腔の前よりで調音される韻尾であることにより、その影響を受けて、前よりの狭い /a/ となる。一方、/-ng/ の前の /a/ は、/-ng/ が口腔の奥よりで調音される韻尾であることにより、その影響を受けて、後よりの広い /a/ である。中国語話者は、この /a/ を言い分け、聞き分けているのである。
　つまり、/an/ の /a/ は前よりの狭い「ア」であり、「ア」と「エ」の中間に近い音、「ア」の音の領域（[a]、[ɑ]、[æ]、[ʌ] など）の中で、「エ」に最も近い [æ] である。
　一方、/ang/ の /a/ は後よりの広い「ア」であり、「ア」と「オ」の中間に近い音、「ア」の音の領域の中で、「オ」に最も近い [ʌ] である。
　このことは、33ページで、/en/ の /e/ は限りなく「エ」に近い音であり、/eng/ の /e/ は限りなく「オ」に近い音であると指摘したことと同じ現象である。

/in/ と /ing/

/in/ と /ing/ については、聴覚の鋭い学習者から、「/ing/ には /i/ と /ng/ との間に、かすかに「ウ」のような音が入っているように聞こえる」と確かめられることがある。

/i/ は最も前よりの母音であり、/ng/ は口腔の最も奥よりで調音される。

このように、口腔の中で調音部位が大きく離れた2つの音が組み合わさって1つの言語音を構成する場合は生理的に無理が生じる。そこで、どちらかが調音部位を移動して、部位間の距離を縮めようとする。

口腔の最も奥よりの /ng/ を前の方に移動させると /n/ との区別が不鮮明となるので、/i/ が奥よりに移動することになる。/i/ が奥よりに移動すると、「ウ」を帯びた /i/ となる。また、/i/ が奥よりに移動しないで、/i/ と /ng/ との間にわたりの [ɯ] を挿入して、生理的な無理を解消することもある。

/ing/ は、このような二つの生成メカニズムを背景とした韻母である。/i/ が「ウ」を帯びているように聞こえたり、/i/ と /ng/ との間に「ウ」のような音が入っているように聞こえたりするのはそのためである。

/-ong/ の /o/

また、/-ong/ についても、学習者からは、「この場合の /o/ は、「オ」と「ウ」のどちらであるのか」と質問されることがある。

正解は、「『オ』に近い音の場合と『ウ』に近い音の場合の両方の場合がある。そのどちらの場合かは声母の調音点によって決まる」である。

韻母 /-ong/ と結合して一音節を構成する声母にはつぎの4類がある。

　ア．調音点が歯裏　──　z、c、s
　イ．調音点が歯茎　──　d、t、n、l
　ウ．調音点が上顎　──　zh、ch、r
　エ．調音点が軟口蓋　──　g、k、h

ア．、イ．は調音点が口腔の前の方であり、両唇を左右に引いて調音する声母である。
　口腔の前の方で、舌先や前舌を歯裏や歯茎に当て、両唇を左右に引いた調音の構えから、いきなり口を丸めて前に突き出す［u］を発音しようとすると、舌の歯裏や歯茎への当て方にぶれが生ずることとなる。舌の当て方にぶれが生ずると、声母の区別が不鮮明となる。また、舌位の高い［u］は /ng/ と調音部位が近いため、［u］と /ng/ が合体してしまいやすく、［u］と /ng/ の区別も不鮮明となる。
　声母の区別及び［u］と /ng/ との区別が不鮮明になることを避けるために、［u］よりも舌位が低く、口を丸めて前に突き出すことのない［o］の選択される傾向が強くなる。
　ウ．の調音点は、ア．、イ．の声母よりは奥よりであり、両唇の左右への引きも弱い。
　この調音の構えから［u］に移行するのに何ら無理の生ずることはない。
　従って、ウ．の /zhong/、/chong/、/rong/ の /o/ は［u］となる傾向が強い。
　つぎに、エ．は、調音点が軟口蓋であり、舌根を盛り上げて気流を妨げる声母であるので、調音部位は /ng/ と極めて近い。これに、母音の中で一番奥よりで舌位の高い［u］が加わると、いずれも口腔の一番奥寄りの上顎で調音される /g/、/k/、/h/ と［u］と /ng/ が連続することにより、区別が不鮮明となりやすい。そこで、［u］よりも舌位の低い［o］とすることによって、不鮮明さを回避しようとする傾向が見られる。
　つまり、/gong/、/kong/、/hong/ の /o/ は［o］と発音される傾向が強いということである。
　以上の記述から明らかであるように、/-ong/ の /o/ は、声母の相違によって一定の傾向が見られるということであり、［u］でなければならない或いは［o］でなければならないということではない。

　初学者に対する中国語の音声教育において、/-n/、/-ng/ の区別を説明したり、発音練習したりすることは労多くして実りの少ないことである。

それは、現実の言語生活において、例えば「昨日、夜店で金魚を買ってきた」と言う場合、"jīnyú 金鱼"を"jīngyú 鲸鱼"と言い間違えたとしても、聞き手の側が「鯨を買ってきた」と聞き取ることはまずないからである。

中国語は表現形式においても、音声面においても、話しの場面や状況が確定してはじめて表現や音声の表す意味が確定する言語である。

そうであるからと言って、/-n/ と /-ng/ の区別は必要ではないと言っているのではない。

教育をする側の者は、このことを充分に承知した上で、初学者に対して習得の難しい発音の練習に深追いをすることは避け、学習者の学習意欲を削ぐことのないように留意することがより重要であることを主張しているのである。

なお、本論とは直接関係はしないが、日本漢字音で、撥音「ん」で終わる漢字は、中国語においては、例外なく、韻尾が /-n/ であることなどは、学習の息抜きに使うことができよう。

余談ではあるが、日本語の撥音、促音、拗音は特殊音節と言われていることから分かるように、元来、日本語には存在しなかった音節である。そうであるからこそ、日本語の五十音図には組み込まれていない。

日本語の特殊音節は、中国語の語彙を日本語に借用することに伴って、中国語で、韻尾が /-m/、/-n/、/-ng/ である音節、韻尾が /p/、/t/、/k/ である入声音の音節及び韻母が三重母音である音節を、日本語の音韻体系の中にそのまま組み込むことができなかったために、止むを得ず新しく設定された音節である。

このような経緯で誕生した特殊音節であるにもかかわらず、現在中国語話者の日本語学習者はこれらの特殊音節の習得を最も苦手としているという、まことに皮肉な現象が存在している。

第2章　音節レベル

音節

　中国語の漢字は音節文字であり、一漢字が一音節を表す。

　音節とは一まとまりに発音される単位であり、中国語ではそれが意味を表す単位でもある。この点で日本語の音節、モーラ、拍とは異なる。

　中国語の音節の構造は通常、つぎのように示される。

$$音節 = (声母 + 韻母) \times 声調$$

　声母は前述のようにすべて子音であり、1音素である。

　韻母は、母音や半母音［半子音］の集合体であって、その構造はつぎのように示すことができる。

$$韻母 = 介母 + 主母音 + 韻尾$$

　韻母はこのように、通常、介母、主母音、韻尾の3つの部分に分けられるが、一見して分かるように、この3つの部分の名称には整合性がない。しかし、少なくとも介母と主母音の2つの名称からはその機能を窺い知ることができる。

　介母は、声母と主母音とを仲介する介音であって、それが母音であることを意味し、主母音は韻母の中核を成す主たる母音であることを意味している。それがこれらの成分の機能である。

　韻尾は、韻母の末尾に位置する成分というだけのことであるが、韻母の構成上から命名された韻頭、韻腹、韻尾に由来している。

　音節の構造は〈表3〉のように示すことができる。

〈表3〉

声母	韻母			声調
	介母	主母音	韻尾	
	韻頭	韻腹	韻尾	
t	i	a	n	第一声（天）
				第二声（甜）
				第三声（腆）
				第四声（捵）

　声母については第1章ですでに見てきたので、以下、韻母の構成成分について見ていく。

第1節　介母

　中国語の音節は介母の上から四類に分けられる。それは介母が／ゼロ／、/i/、/u/、/ü/ である場合の4類である。
　この介母による4通りの類分けは"四呼"として、韻母が /i/、/u/、/ü/ 以外の母音で始まる字音を開口呼、韻母が /i/ で始まる字音を斉歯呼、韻母が /u/ で始まる字音を合口呼、韻母が /ü/ で始まる字音を撮口呼と称されてきた4類である。
　中国語のテキストなどに掲載されている音節表の韻母の欄が、1、2、3、4と番号を付けて4つに仕切られているのはこの4類のことである。
　介母は日本語話者に対する中国語の音声教育の上で極めて注意を要する成分である。
　それは、日本漢字音はこれらの介母がすべて法則的に脱落した音となっているために、日本語話者は、中国語を発音する場合に、母語干渉により、これらの介母を脱落させて発音する傾向が見られるからである。
　つぎの〈表4〉を見てみよう。

〈表4〉

語例 \ 漢字音	日本漢字音	中国語音
天（天）	Ten	T<u>i</u>an ［tien］
観（观）	Kan	G<u>u</u>an
選（选）	Sen	X<u>u</u>an ［ɕyen］

　〈表4〉の中国語音の欄の二重下線の引かれているのが介母であり、日本漢字音は例外なく法則的にこの介母の脱落した音となっている。

　これは日本語の中に中国語の語彙を採り入れる際、日本語の音韻体系を崩さないためには、一漢字を2拍以内に納める必要があり、そのために、介母を脱落させたのである。

　韻母を構成する介母、主母音、韻尾の3つの成分の中で、介母が脱落したのは、介母が／ゼロ／である漢字が、全漢字のおよそ半数存在することと、介母は声母と主母音とを仲介する役目の母音であり、聞こえにはほとんど関与していないと認識されていたからである。

　日本語話者に対する中国語の音声教育においては、この介母 /i/、/u/、/ü/ を意識的に明確に発音するように指導することは極めて大切なことである。

　例えば、"天 tiān" は ti-ien、"观 guān" は gu-uan、"选 xuǎn" は xu-uen のように介母 /i/、/u/、/ü/ を2回発音するような要領で練習することが有効である。

　また、学習者に対しては、テレビのコマーシャルや巷間で"谢谢"を一般に「シェーシェー」と言っていることを取り上げて、介母を意識的に明確に発音することの大切さを自覚させることもできよう。

　"谢谢 Xièxie"の"谢 xie"が日本漢字音で「シャ」であるのは、介母の /i/ が脱落し、中舌母音の /e/ ［ɚ］は第1章第2節で記述したように、「ア」に近い音色に聞こえる母音であるからである。

　一方、中国語ではこの介母 /i/ は聞こえの上で明確に顕現し、加えて、その結果として /e/ は限りなく「エ」に近い音となる（第1章第2節 /e/

の諸相を参照）。

　しかし、介母 /i/ が聞こえの上で明確に顕現するとは言え、主母音である /e/ と比較すると聞こえの上で劣るため、日本語話者には /e/ だけが聴覚印象として強く残り、「シェーシェー」と聞き取っているのである。

　"谢谢 Xièxie" は常用表現でもあり、前述のように、xi-ie の要領で繰り返し練習させることが大切である。

　因みに、中国の少数民族に対する中国語教育や北京電視台の中国語講座においては、中国語の初学者に対して、これと全く同様の要領で発音指導がなされている。

　なお、主母音及び韻尾の /-n/、/-ng/ については第1章で論じたのでここでは言及しない。

第2節　複数の音素からなる韻母

　韻母が複数の母音によって構成されている場合、中国語のテキストなどでは例外なく、「二重母音」、「三重母音」としてそれを取り上げているが、中国語の音韻体系や現実の発話行為に見られる音声現象の上で、これらが特別な意味をもつ母音群であるわけでもなく、この母音群に中国語の音声上の特徴が見られたり、或いはこの母音群が構成されることによって、何らかの音声現象が発生するわけでもない。中には、「二重母音には、開母音＋閉母音と閉母音＋開母音の2つのタイプがある」こと、さらに、「三重母音は、閉母音＋開母音＋閉母音のタイプに限られる」などとして開閉の図まで入れていたりしているものがある。しかし、学習者に対してこのようなことを取り上げて尤もらしく説明したところで、学習者にとっては発音習得上何ら参考になるものでもなく、何のプラスになるものでもない。

　この点は第一節の介母で言及したように、二重母音が介母＋主母音である場合（例えば "谢 xiè"）や三重母音の場合（例えば "快 kuài"）は、介母は主母音や韻尾とは別格扱いとして、それを意識的に明瞭に発音するよ

うに指導することの方がはるかに重要である。

　尤もこの点についてはいま少し厳密な説明をしなければならない。二重母音で「介母＋主母音」の構成であるもの及び三重母音の場合に介母を意識的に明瞭に発音することが求められるのは、これらの韻母が声母と結合して一音節を構成する場合に限られる。

　これらの韻母が声母ゼロで韻母だけで一音節が構成される場合（例えば、"我 wǒ"や"要 yào"）はその限りではない。

　二重母音、三重母音が単独で１音節を構成する場合は、理論的には主母音が明瞭に発音されることになるのであるが、三重母音の場合は必ずしもそうとは限らない。

　中国語が音節の等時性の強い言語であることは既に述べたが、この等時性の制約によって、３つの母音音素の中間に位置する主母音が duration（調音時間）の上で皺寄せを受けることとなり、結果として聞こえの上でほとんど消えてしまうような音声実態の発生することがある。

　例えば、"郊外 jiāowài"の"郊 jiāo"は主母音である /a/ が聞こえの上でほとんど聴取できず、「ジオ」或いは「ジョー」に聞こえることがある。このことは、スピード化社会と言われる今日、中国においてもテレビのアナウンサーは以前よりずっと早口であり、日常の言語生活においてもこの傾向が強いことともかなり関わりがある。今後より一層スピード化社会となっていくことに伴い、このような現象はより顕著になっていくものと思われる。

　"汉语拼音方案"で、/iou/、/uei/、/uen/ が声母と結合して一音節を構成する場合、正書法の上で、主母音である /o/ や /e/ が脱落した表記となっているのはこの現象を反映している。

　しかし、音声実態としてこれらの主母音は完全に消滅しているわけではなく、声調の相違により、その実態は異なる。

　これらの音節における主母音の顕現度は以下のように示すことができる。

顕現度の高から低への順を◎＞〇＞○で表す。

1) 声母＋iou、uei、uen の場合

liū	liú	liǔ	liù
(溜)	(流)	(柳)	(六)
○	〇	◎	〇

huī	huí	huǐ	huì
(辉)	(回)	(悔)	(会)
○	〇	◎	〇

tūn	tún	tǔn	tùn
(吞)	(屯)	(氽)	(褪)
○	〇	◎	〇

2) 声母ゼロ＝you、wei、wen の場合

yōu	yóu	yǒu	yòu
(优)	(游)	(有)	(又)
○	〇	◎	〇

wēi	wéi	wěi	wèi
(微)	(违)	(伟)	(味)
○	〇	◎	〇

wēn	wén	wěn	wèn
(温)	(文)	(稳)	(问)
○	〇	◎	〇

1) で示したように、これらの韻母が声母と結合して一音節を構成する場合、第三声の場合は /o/、/e/ がかなり明瞭に顕現し、第四声の場合も聞こえとしてそれを感知できる程度に顕現するが、第一声、第二声の場合は聞こえとしてかすかに感知できる程度にしか顕現しない。

第三声でかなり明瞭に顕現するのはやはり、第三声の調音時間がほかの声調に比べて長いことによる。

2) のように、韻母が単独で一音節を構成する場合は、第二声の場合も

第四声の場合と同程度に聞こえとして感知できる現れ方をする。

　第一声の場合は、1) の声母を伴う音節の第一声の場合と同等の顕現度としているが、音声実態としては、1) の場合よりもやや顕現度は高い。

　これらの韻母が単独で一音節を構成する場合は、音節の等時性から言って、声母の調音時間の分だけ韻母の調音時間に余裕が与えられ、その分だけ主母音の顕現度が高くなるのである。

二重母音と三重母音の対応関係
　なお、二重母音、三重母音がそれぞれ以下のように体系的な対応関係の上に存在していることを示すことは、学習者が韻母の成り立ちを体系的に理解し、表記と音声実態との乖離（かいり）を理論的に把握し、より正確な発音を習得していくのに有益である。

　　1)　ai ― ia　　　　2)　iao ― uai
　　　　ao ― ua　　　　　　iou ― uei
　　　　ei ― ie
　　　　ou ― uo

　1) に見られる /ua/ に対応する /ao/ は音韻体系の上では /au/ であり、音声実態としても [o] ではなく [u] に限りなく近い。

　このことは、2) の /uai/ に対応する /iao/ の /o/ の場合も全く同様であり、これらの表記は"汉语拼音方案"の不備の1つである。

　また、母音 /o/ と /e/ は中国語の音韻体系上は同一音であり、体系上、/iou/ と /uei/ が対応関係にあるとして何ら差支えない。このことは一音節の中では /o/ と /e/ が共起しない理由について言及したところで既に述べたが、これらが単独で音節となる場合、声母と結合して一音節となる場合のいずれの場合であっても、/uei/ の /e/ は [e] であり、/iou/ の /o/ は [o] であって、これは現実の音声実態をほどよく反映した表記であると言うことができる。

　なお、ここで韻母が複数の音素によって構成されている場合、発音上注

意を要する点について付記しておく。

　中国語には、韻母を構成している1つ1つの音素が丁寧に発音されるという特徴がある。

　つまり、日本語においては、ラジオ、テレビのアナウンサーも、例えば、「映画」の /ei/ は /e/ の長音である /ē/、「応用」の /ou/ は /o/ の長音である /ō/ と発音するが、中国語では、これらの /e/、/i/、/o/、/u/ はそれぞれ1つ1つ丁寧に発音し分けられるということである。

　日本語話者である中国語学習者は、この母語干渉によって、例えば、"都 dōu" と "多 duō" はいずれも /o/ の長音である /ō/ と発音する傾向が強く、この2つの音節を明瞭に発音し分けることを極めて苦手としている。

　従って、音声教育においては、韻母の /ou/ と /uo/ を構成している音素である /o/ と /u/、/u/ と /o/ とを1つ1つそれぞれ丁寧に発音するよう指導することが大切である。

第3節　音節全表

音節全表の重要性

　音節全表は初学者の音声教育においては極めて有効に活用できる教材である。

　それは、中国語の音声と意味の基本的な単位である音節の成り立ちの全体像が一目で理解されるからであり、"汉语拼音方案" の正書法も体系的に見てとることができるからである。

　正書法は、あらゆる言語においてそれぞれ勝手なきまりを定めている。

　ローマ字を文字として使用している言語は世界の言語の中で1500を超えるといわれているが、前述のように、この1500余の言語はそれぞれ他の言語とは異なる独特の読み方のきまりを定めている。例えば、古代ローマの将軍であり政治家であった Caesar は、イタリア語の読み方のきまりに従えば「カエサル」であるが、英語の読み方のきまりでは「シーザー」である。

　"汉语拼音字母" は中国語の表音文字であり、"汉语拼音方案" は中国語

の表音表記であって、中国語が文字としている漢字の振り仮名ではない。

　この中国語の表音表記である"汉语拼音方案"も、ローマ字を使用してはいるが、中国語独特の読み方のきまりが定められている。

　すでに述べてきた声母の無気音、有気音を表す字母、或いは韻母にかかわるいろいろな表記など、これらはすべて、ローマ字を文字として使用している他の言語には見られない、中国語独特の読み方のきまりの体系の上に成り立っているのである。

　中国語の初学者に対する音声教育において、その第一段階の到達目標とするのは、音節全表に見られる411の音節を声調を伴って正確に発音できるようにすることである。このローマ字表記に対する中国語独特の読み方のきまりをしっかりと把握していなければ正確に発音することのできないことは言うまでもない。

音節全表の不備
　なお、一般に音節全表では、韻母を介母によって4類に区分したものがテキストの巻末などに掲載されているが、それには以下のような不備が見られる。

　　1) /iong/ を介母 /i/ の欄に掲げているが、この /iong/ は音韻体系上は /üeng/ であり、介母 /ü/ の欄の /ün/ の後に納められなければならないものである。
　　2) 介母が /i/、/u/、/ü/ であるとするそれぞれの欄の冒頭に、/i/、/u/、/ü/ が配置されているが、これらは介母ではなく主母音である。

　このようなことを指摘するのは、子どもに対する外国語教育は理論的な説明はしないで、もっぱらドリルを繰り返すことが有効な学習法であると思われるが、学習者が中学生や高校生以上であれば、中国語という言語の音声面の諸現象について、体系的、構造的、法則的に説明し、中国語という言語の音声面の成り立ちをしっかりと理解させることが必要であるからである。

　そのためには、教育する方の側が中国語という言語の音声について体系的、構造的、法則的に十分理解していなければならない。あらゆる言語に

おいて、統語の分野はさておき、音声の諸事象、諸現象はほとんど例外なく科学的に説明できる分野である。にもかかわらず、残念なことに中国語の音声に対する解説は非科学的であり、あまりにもおそまつすぎる。

同字二音語の発音

　ここで同字二音語としているのは"破音字"のことではない。

　破音字は一漢字に2つ以上の音があり、その音ごとにそれぞれ意味の異なる漢字のことであるが、ここで取り上げるのは、方言はさておき、"普通話"による通常の言語生活において、1つの漢字が2つの音で使用されている漢字である。

　日本には、国語に関する諸々の問題に対して、政府に答申をする諮問機関として国語審議会が存在する。

　この国語審議会に相当する中国の諮問機関は、"审音委員会"と"外来語委員会"である。

　"审音委員会"は、例えば、"谁"は /shuí/、/shéi/ のどちらを、"因为"は /yīnwèi/、/yīnwéi/、/yīnwei/ のどれを国語として正音とするかを決める機関である。

　しかし、中国の"审音委員会"の答申は今まで何度かぶれてきている。そのために、現在正音とされているのがそのいずれであると定められていても、それまで正音であり、新しく正音ではないとされた発音も生きており、現実の言語生活において複数の音が使用されているのである。

　因みに、"谁"は現在は、/shuí/ が正音とされている。

　音節全表を見れば明らかであるように、上顎と舌側面を調音点とする /zh/、/ch/、/sh/、/r/ が、韻母 /ei/ と結合して一音節を構成するのは、/zh/ と /sh/ だけであり、しかも /zhei/ と /shei/ は"这"と"谁"のそれぞれ1語だけに限られている。

　現在の中国の国語である"普通話"の音韻体系から言って、/zh/、/ch/、/sh/、/r/ はそもそも韻母 /ei/ とは結合しない声母であり、/zhei/ と /shei/ は音韻体系から外れた例外音なのである。

　辞書や参考書の解説などで、/shéi/ は /shuí/ の口語音としているものが

多いが、この解説は正しくない。

　/shéi/ は方言音の可能性が高いが、どこの方言であるか定かではない。

　/zhèi/ にも、/zhè/ の口語音説、方言音説或いは "这 + 一 zhè + yī" 説の3つが存在するが、いずれもその根拠は希薄である。

　日常の発話行為において、"这一个 zhèi yíge" は有り触れており、"这 + 一 zhè + yī" などはとんでもない説である。

　"因为" は、現在は /yīnwèi/ が正音とされているが、この語の語義から言ってそれは首肯しかねる。

　それは、"为" は破音字であり、/wèi/ は目的を表す場合の字音であり、/yīnwèi/ とすると因果関係の原因や理由を表す接続詞である "因为" は「～するためによって→～することを目的として」となり、目的を表す接続詞となってしまうからである。

　/wéi/ は「～である、～となす」であるから、/yīnwéi/ は「～であることによって」となり、原因や理由を表す接続詞として意味的に理にかなう。

　演説やあらたまった公式の場における堅苦しい挨拶などを除いて、通常の発話行為においては /yīnwei/ が圧倒的に多く使用されている。

　また、演説や公式の場の挨拶で /yīnwei/ と発音しても聴取者は何ら違和感を覚えることはない。

　このように見てくると、音声教育では "因为" は /yīnwei/ とするのが妥当であるということになる。

　つぎに、いま少し、これに類する音声実態について言及しておく。

　指示代名詞である "这"、"那" に付加して、個別の物を指す "这个"、"那个"、場所を指す "这里"、"那里"、"这边"、"那边" 或いは程度を指す "这么"、"那么" 等の付加成分は、いずれも軽声としているものが多いが、"哪边" の付加成分は軽声とはされていない。

　これは、第三声に後続する軽声音節はその他の声調に後続する軽声音節に比べて、強く、高く発音されることによる（このことについては本章の第8節で詳述する）。

　体系や整合性の上から、"哪边" の "边" も "这边"、"那边" の "边" と同様に本来は軽声であるが、前述のように強くて高く発音される音節を

軽声とすることはできないので、/nǎbiān、něibiān/ とされているのである。

　辞書にしろ、テキストにしろ、現実の言語生活において使用されている音声実態を踏まえた記述や説明は極めて少ないなかで、この記述は例外に近い。

　このように説明すると、"哪里"の"里"及び"哪个"の"个"が何故に軽声であるかに答えなければならないことになる。

　"哪里"は"哪"が上昇調に変調することがその答えであり、それ以上の説明は不要である。

　"哪个"の"个"は現実の発話行為においては、"这个"、"那个"の"个"よりも強くて高い。このことは、"哪边"の"边"で解説をした理由と全く同じである。"哪个"の"个"は、音響学的には、第四声と認定して差し支えない調形ではある。

　従って、/nǎgè、něigè/ と表記することも可能ではあるが、表記の整合性と、音声教育の面から言って、/nǎgè、něigè/ とすると学習者は /gè/ を強く発音し過ぎ、その結果として、音声実態から外れてしまう危険性が高いことを勘案すれば、軽声の表記が妥当であることになる。

第4節　声調

中国語と日本語のピッチアクセント

　中国語の漢字は音節文字であるが、その1つ1つには社会的に定まった高低の抑揚がある。

　世界の言語は語アクセントの上で大きくはストレスアクセントを主とする言語とピッチアクセントを主とする言語の2つに分けることができる。

　中国語は日本語と同様に後者、つまりピッチアクセントを主とする言語である。

　しかし、日本語の語アクセントは、1つの語の中でいずれかの音節が際立って高く発音される卓立のピッチアクセントである。この際立って高く発音される音節は助詞が付加されたり、文イントネーションがかぶさったりするとその位置が他にとって変わるものであって、常に固定しているわ

けではない。

　中国語のように、音節レベルにおいて、高低の抑揚の型が社会的に固定している言語を tone language（声調言語）という。

　ただし、日本語には、例えば、アメ（雨）とアメ（飴）のように、2つの音節の相対的な高低によって意味の区別される語が存在する。このような高低アクセントを取り上げて中国語の声調を説明するとすれば、日本語のこれらの語に見られるピッチは鍵盤楽器を弾くような高低変化であり、中国語は弦楽器を奏でるような連続した抑揚の高低であると言うことはできよう。

中国語の調類とストレスアクセント

　中国語には数多くの方言が存在するが、方言によって調類（声調の種類）と調値（声調の高低）は異なる。

　総じて、地理的に、北方であればあるほどその方言の調類は少なく、南方であればあるほどその方言の調類は多い。

　例えば、広東語の調類は9つであるが、このように調類の多い方言においては、ストレスアクセントが音韻論的にほとんど機能していないとみることができるが、"普通話"の音声面の標準とされている北京語の調類は4つと少なく、調類が少ないということはとりもなおさずストレスアクセントが有意味に機能していることを示唆している。

　中国語の音声研究において、古来、ストレスアクセントを取り上げたものは極く僅かしかないが、ストレスアクセントは中国語の音声面において重要な要素である。

　因みに『急就篇』、『官話指南』等、1950年代以前の中国語のテキストには、いずれも、ストレスアクセントのある語にはマークが付けられていた。

　"汉语拼音方案"の公布以降、"轻声"の出現により、少なくとも中国語教育の世界からストレスアクセントは消滅した。

　中国語のストレスアクセントについては第3、4章で詳説する。

中国語の声調核

　さて、一般に、声調は音節全体に被さるとされているが、声母は前述のようにすべて子音であり、子音自体は噪音でもあるので、言語音としての聞こえの主たる要素は韻母であることから、声調を韻母の構成要素と見ることもできる。

　従来、語を単位として、ストレスアクセントを主とする言語においても、ピッチアクセントを主とする言語においても、そのストレスやピッチを特徴づける中核となる母音にアクセント核があるとされてきている。

　中国語においても声調核として、その声調核の所在が論議されてきた。

　"汉语拼音方案"では、声調符号を付ける母音にきまりが定められており、このことからわかるように、主母音に声調核があるとする説が有力である。

　尤も、/u/ と /i/ が一音節の中に共起する音節においては、主母音が表記上脱落しているので、止むを得ず韻尾の母音の上に声調符号を付けるというきまりになっている。それは、韻尾でない /u/、/i/ は介母であり、介母は声母と主母音とを仲介する音であって、それが声調を特徴づける中核となることはないので、便宜的に韻尾である母音の上に付けることにしているのである。

　主母音に声調核が存在するとする説に従えば、これらの場合は表記上脱落している主母音 /e/、/o/ の上に声調核があるということになり、説明がつかなくなる。

　また、/uen/ が声母と結合して一音節を構成する場合の表記である /un/ は、声母と主母音とを仲介する音である介母の /u/ に声調符号を付けることになっている。母音ではなく半母音、半子音と言われている成分の /n/ に声調符号を付けると、そこに声調核が存在しているかのように認識されることを避けるための苦肉の処置である。

　声調核が主母音にあるとする説は、韻母が複数の母音によって構成されている場合、どれかの母音は長く強く、その他の母音は短く弱く発音されるとする見解に依拠しているが、現実の発話行為や実験音声学的な分析のデータから見て、必ずしもそうとは限らない。

　B.Karlgren は既に 76 年も前に、韻母 /ua/ の例を挙げ、「/u/、/a/ のい

ずれが主要であり、いずれが比較的長いか断定に苦しむ」とし、主母音に声調核が存在するとする説に疑問を投げかけている。

　なお、後述するように、声調の発音の要領・コツで、とりわけ第二声と第四声について示している図は、現実の発話行為や、実験音声学的データを踏まえ、声調核が主母音に存在するとする説を否定する立場に立脚したものであることは言うまでもない。

　この点については第6節で、データを提示して論ずる。

第5節　調形

中国語の調値

　中国語の調値については、1915年に、B.Karlgrenが方眼紙を用いて提示し、1937年には、L.T.Wangがそれぞれ4つの調値をグラフで提示している。

　これらのグラフにおいては、第三声には調形の上で明らかな凹みが見られるのであるが、1914年のM.Courant、1925年の劉復のグラフには第三声に調形の上で凹みが認められない。

　M.Courantは第三声は上昇調であり、平板調から調尾に至って急激に上昇するとし、調頭から調尾に至るまで上昇する調形である第二声と区別されるとした。一方、劉復は調形においては第二声と第三声は区別がなく、その差異はピッチレベルにあるとした。

　M.Courant、劉復らに近い主張は1960年代のY.S.Jessica、G.Petersonなどにも見られるし、それ以降の最近の研究にも依然として散見される。

　これらの主張はいずれも音声分析機器を用いた分析のデータをその根拠としているが、音声分析機器から得られたデータに全幅の信頼を置くことは危険である。それは、現在までに開発されてきている音声分析機器は、1つの要素しかキャッチしない代物であるからである。

　言語音のアクセントにかかわる主たる要素は通常、duration（調音時間）、intensive（強さ）、pitch（高さ）の3つが取り上げられるが、durationはいずれの音声分析機器を用いても正確に測定できる要素であり、その測定結

果は信頼できる。

　しかし、intensive に至っては呼気量の多少、呼気圧の高低及び調音器官の緊張度などさまざまな要素が関与しているし、pitch も intensive と深いかかわりをもっている。音声分析機器を用いて呼気量も呼気圧もそれぞれ個別に測定することはできるが、調音器官の緊張度は測りようがない。

　加えて、音声分析に音声分析機器を用いる場合、分析の対象とする音声資料は厳密に精査されなければならない。

　例えば、ある特定の音素を分析する場合は、その音素の前後に存在する音声環境を特定しなければならない。また、声調を分析する場合も同様である。

　さらに、例えば、単語リストを提示して、informant（被験者、情報提供者）に発音してもらう場合、informant が音声資料の提供に慣れていなければならないし、それらの単語が現実の発話行為で使用される場面や情況を想定して発話するように注文を付けなければならない。

　このような条件が完備された場合に限って、音声分析機器から得られたデータは、一定の目安として活用することができる。

　M.Courant、劉復に限らず、B.Karlgren、C.T.Wang 等の提示したグラフは、分析に用いた機器が初歩的な代物であることも含めて、信頼することはできない。

中国語の声調のモデル

　趙元任は1948年、その著 *Mandarin Primer* で、〈図7〉のようなグラフを提示した。

　声域を5つのレベルに分ける所謂五段階法で中国語の声調を図示したのは趙元任のこのグラフが最初である。

　趙元任はこのグラフを提示した根拠を明らかにしていないが、音声分析機器から得られたデータに依拠しているものと思われる。

　〈図7〉のグラフから明らかであるように、趙元任は声域を5段階に分け、第一声は55、第二声は35、第三声は214、第四声は51 としたのである。

　因みに、1958年に公布された"汉语拼音方案"の声調符号はこのグラフの調形に由来している。

〈図7〉

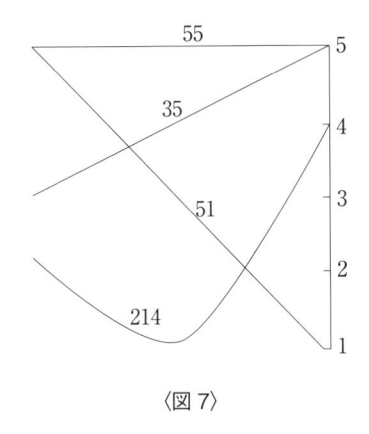

　筆者は、自然界や人間界に永い年月にわたって存在し続けているものごとやことがらは、例外なく安定した体系を有しているとの世界観に立っている。従って、趙元任が、ピアノの相当な弾き手であり、方言調査にまつわっては、2、3か所の方言を宿舎に帰って口で再生したというようなエピソードの持ち主であったとしても、「このグラフはいかにも不安定だ」という思いをずっと持ち続けていた。

　筆者は、35年前、"普通話"の話し手10人に、単音節語で声母の調音点、調音方法の異なるもの、韻母の主母音の舌位の異なるもの、さらに韻母の構成の異なるもの30語を抽出し、それをアトランダムに提示して発音してもらい、それを音声分析機器で分析してみた。informantが資料提供者としては素人であり、30語の1つ1つについて、それらの語の用いられる場面や情況をどこまで想定して発音してくれたのかは不明であるが、一応の目安とする資料としては使えると判断される。

　〈図8〉はその10人の平均的な調形を示したものである。
　　　数字の①～④はそれぞれ、第一声～第四声を表している。
　〈図8〉に見られる高低抑揚の曲線は、発声生理学的に言ってきわめて自然な音声実態を示している。つまり、①の第一声である高平調を発声する場合は比較的発声し易い高さから出だしをし、高平調を維持しようとするのであるが、高平調を持続するにはそれなりのエネルギーを必要とするので自然に下降することとなる。この一連の調音活動は、音響学的には①

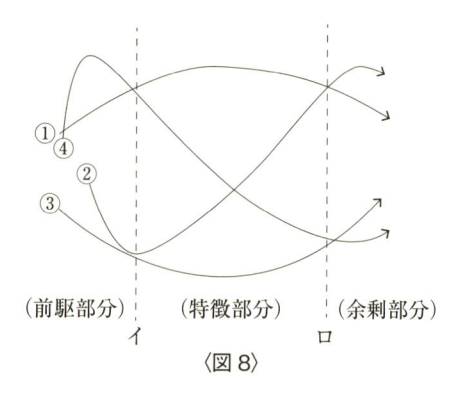

(前駆部分) （特徴部分） （余剰部分)
　　　　　イ　　　　　　　ロ
〈図8〉

に見られるように、緩やかな山のような形で現れる。

　②の第二声は上昇調であるが、急激に上昇するためには、そのための弾みが不可欠である。しかも、そのはずみは上昇とは逆の下降が最適であり、下降が急激であればあるほど、その反動としての上昇が急激となる。従って、出だしから一旦急激に下降し、その反動で急激に上昇し、高い音を発声し続けるのは生理的に多大なエネルギーを必要とするので、自然に下降しようとする。

　第二声を発音するためのこの一連の調音活動は、音響学的には②のような形で現れる。

　③の第三声である低平調は出し易い高さから出だしをし、低平を持続するには多大なエネルギーを必要とするので自然に上昇しようとすることとなる。この第三声を発音するための一連の調音活動は、音響学的には、第一声と対称的な緩やかな凹みのような形で現れる。

　④の第四声である下降調も、急激に下降するためにはそのはずみが必要であり、そのはずみは急激な上昇が最適であるため、一旦上昇をし、そのはずみでぐっと下降することとなる。

　上図に点線イ、ロで区切りを付けているが、4つの声調の特徴部分はこの点線イ、ロの間の contour（曲線）である。

　イよりも前の部分は特徴部分を発声するための助走、前駆とでもいうべき部分であり、ロよりも後の部分は特徴部分を発音したあとの残り、余剰とでも言うべき部分である。

従って、中国語の4つの声調の調値はモデルとして〈図9〉を提示するのが妥当であることになる。

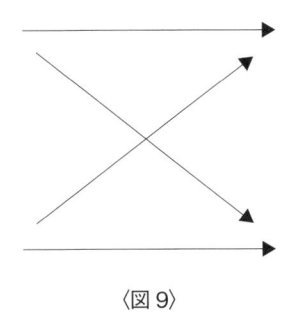

〈図9〉

因みに、第三声の声調符号が ǎ であることによって、学習者はその符号に惑わされ、深い凹の発音をしがちである。教える方の側にも「深い凹みである」と教え、そのように発音練習をさせる教師がまだまだ多い。

入門の段階で、第三声をこのような凹みの調形でマスターすると、具体的な発話を学ぶ段階で、とてもおかしな発音となり、しかもそれを修正するのはなかなか大変である。

このことは、つぎのような発話の"好的"で、多くの中国語教師が経験しているはずである。

　　A：一起去喝咖啡，好不好？
　　B：好的。

"好的"の音声実態を図示すると〈図10-1〉のようになる。

凹みの調形で発音すると、〈図10-2〉のように、調尾である音節末尾音の上昇部分の /o/ が /a/ よりも強く、高く発音されることとなり、極めて不自然な発音となる。

第三声の声調符号が ǎ ではなく a̱ と制定されていたならば世界の中国語学習者の労苦はどんなに軽減されたことであろう。

声調の習得については本章第7節で詳説する。

自然な発話：

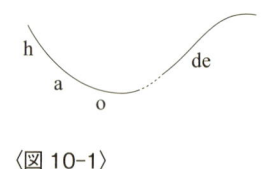

```
    h           de
     a       o
```

〈図 10-1〉

第三声を凹みの調形でマスターした学習者：

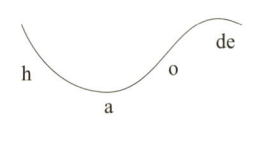

```
    h           de
         o
       a
```

〈図 10-2〉

第6節　韻母の構成と調形

　中国語の声調について考えたり調べたりしたことのない中国語話者に、例えば、同一声調の語である"鱼 yú"、"来 lái"、"红 hóng"などを提示してその調形について尋ねると、こぞって「それぞれ違う」と返答される。

　一般の中国語話者には、漢字が異なることにより、声調は同一ではあっても、調形はそれぞれ異なっているとの思い込みがあるにしても、このことは極めて面白いことであり、音声に関心を持つ者に対して極めて有益な示唆を与えるものである。

　調形の形状形成に関与する要素としては、理論上は、厳密に言えば、声母の調音点及び調音方法、さらに韻母を構成する母音の舌位を挙げることができる。

　声母の調音点は、両唇音の /b/、/p/、/m/ と唇歯音の /f/ 以外の声母は、いずれも上顎の歯裏、歯茎、硬口蓋、軟口蓋である。これらはほとんど近接した部位であることによって、これらの調音点の相違が調形に影響を与えることはあるにはあるが、それを取り上げて論ずるほどの相違は見られない。

　また、調音方法についても、閉鎖の開放、破裂、破擦、鼻腔、側面など

の相違も、調音点の場合と同様に、取り立てて論ずるほどの相違は見られない。

　しかし、韻母を構成する母音の舌位の相違は明らかに調形の形状形成に影響を与えている。

　以下、この点について見ていく。

韻母を構成する母音の舌位と調形

　第1章で言及したように、母音の舌位と母音のフォルマント（formant）値は相関関係にあり、舌位の高低と、第二フォルマント値の低高はほぼ比例する。つまり、舌位の高い母音は第二フォルマント値は低く、舌位の低い母音は第二フォルマント値は高いのである。

　ここでは、舌位を取り上げ、母音の舌位が声調の調形形成にどのようにかかわっているかについて見ていく。

　なお、本節においては主として、韻母を構成している二重母音、三重母音について、その構成成分の相違がその調形にどのように反映しているかを見ていくのであるが、その前に、分かり易い語例を挙げて解説しておく。

　筆者が30年ほど前にNHKのラジオ中国語講座の講師を担当していた時、ゲストの中央人民広播電台のアナウンサーであった方明氏が、収録の控室で、テキストに取り上げていた"中医"と"西医"を指さし、「この2つの語は声調の組合せが違いますが、これでよいのですね」と確認されたことがあった。

　方明氏は、本番でも、"中医"の"中"は"医"よりも低く発音し、声域五段階法で言えば、"中"は33、"医"は55のような発音をし、"西医"の55＋55とは明らかに異なる発音をして見せた。

　この語例においては、韻母を構成している母音が1つであるために、舌位が中位である"中 zhōng"の /o/ と、舌位が高い"西 xī"及び"医 yī"の /i/ という母音の舌位の高低による調高だけが示されているにすぎないが、母音が1つである第一声の場合はこの調高が即ち調形である。

　第1章第2節で記述したように、母音の相違は音色の相違であり、音色の相違は口腔での気流の共鳴度の相違であり、共鳴度は舌位の高低によっ

て異なる。舌位の高い母音は共鳴度が高く、高い音であり、舌位の低い母音は共鳴度が低く、低い音である。

"中 zhōng"の /o/ の33、"西 xī"、"医 yī"の /i/ の55はこのことが反映されているのである。

1つの音節において、韻母が複数の母音によって構成されている場合は、それぞれの母音によって生成される調高が連結して音節としての調形が生成される。

さて、本書は、実験音声学的なデータを1つ1つ詳細に提示することを目的とするものではなく、中国語という言語に見られる音声的諸現象を、科学的に説明し、これらの現象に見られる法則性を抽出し、それを中国語の音声教育に応用することを目的としている。従って、韻母を構成している二重、三重母音のすべての場合を取り上げて論ずる意味はない。ここでは、主母音が舌位の最も低い /a/ であり、介母或いは韻尾が舌位の最も高い /i/ である場合に、母音の舌位の高低が音節の調形に最も顕著に反映されるので、/ai/ と /ia/ の韻母に限って見ていくこととする。

なお、三重母音についても、同様の理由により、/iou/ と /uei/ について見ていく。

/ai/ と /ia/ の調値動態

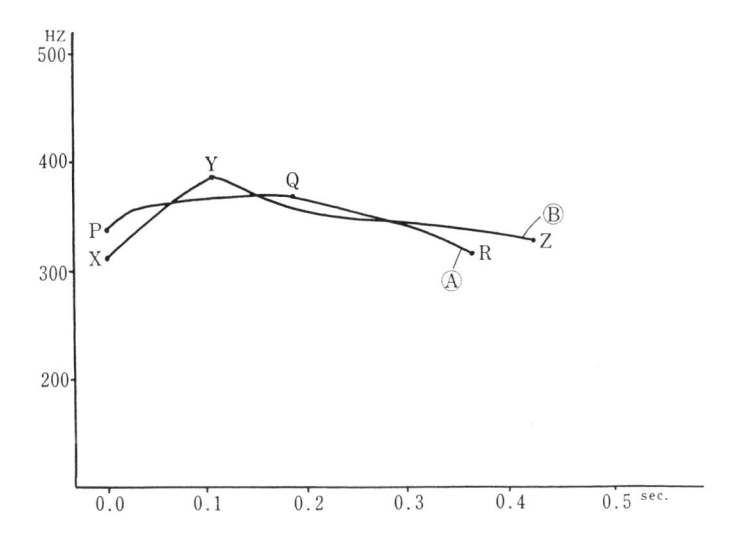

```
HZ
500

400          Y      Q
        P             
        X                    B
300                      R  Z
                         A

200

    0.0   0.1   0.2   0.3   0.4   0.5 sec.
```

注）Hz…ヘルツ。1秒間に1回の振動数を1ヘルツとする物理学、音響学用語。
Ⓐ⟨P－Q－R＝ai⟩　　　Ⓑ⟨X－Y－Z＝ia⟩
　P－Q＝a　　　　　　　X－Y＝i
　Q－R＝i　　　　　　　Y－Z＝a

〈図11〉第一声の調値動態

　X－Yにかなりの上昇動態が見られるのは、/i/の舌位が高いからであり、出だしのPとXにかなりのHz差が見られ、PよりXが低いのは、本章第5節で言及した前駆的部分（〈図8〉参照）の反映である。

Ⓐ⟨P－Q－R＝ai⟩　　　　Ⓑ⟨X－Y－Z＝ia⟩
　　P－Q＝a　　　　　　　X－Y＝i
　　Q－R＝i　　　　　　　Y－Z＝a

〈図12〉第二声の調値動態

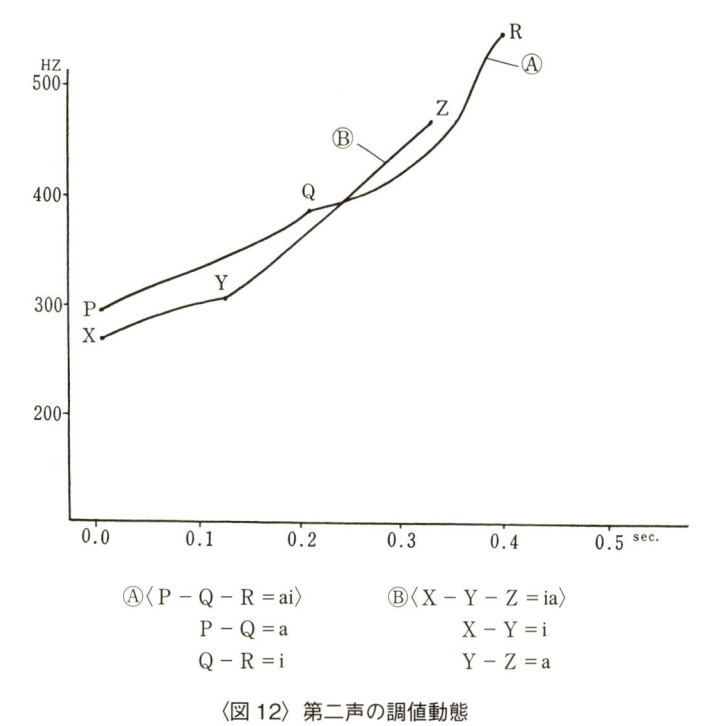

　P－Qのaは後続する/i/の舌位が高いために、その影響を受けて出だしから最後までHz値が高い。
　ここで注目すべきは、P－Qより、Q－Rの方が上昇度が急激であることである。

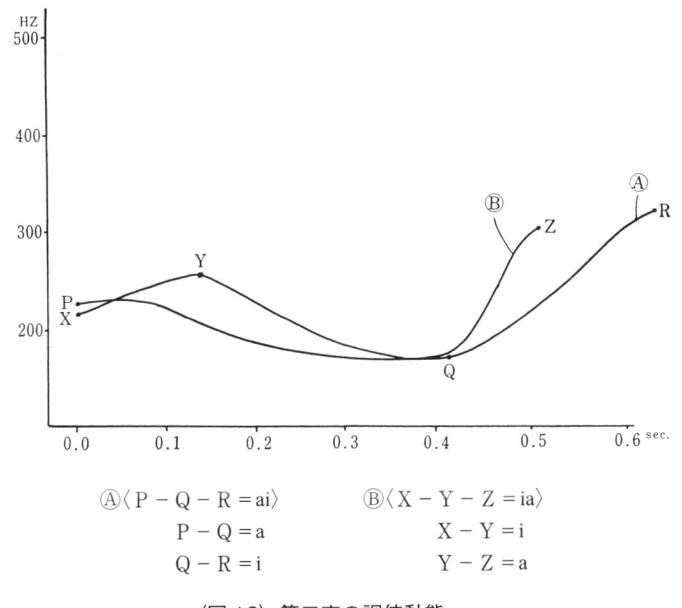

Ⓐ⟨P－Q－R＝ai⟩　　Ⓑ⟨X－Y－Z＝ia⟩
　P－Q＝a　　　　　X－Y＝i
　Q－R＝i　　　　　Y－Z＝a

〈図13〉第三声の調値動態

　X－Yに緩上昇の動態が見られるのは、/i/の舌位が高いからである。
　調尾に急上昇の動態が見られ、また、Q－Rにも緩上昇の動態が見られるのは、低平調を持続するにはかなりのエネルギーが必要とされるために、それを些かなりとも軽減しようとして上昇するのであって、発声生理学的には極めて自然な現象である。これらはいずれも声調の特徴部分を発音した後の余剰の部分（本章第5節〈図8〉参照）である。

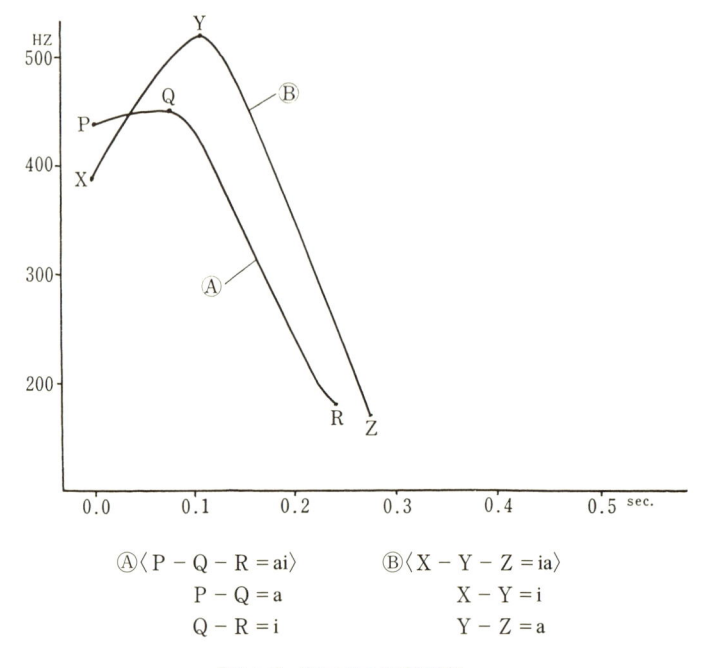

〈図14〉 第四声の調値動態

Ⓐ〈P－Q－R＝ai〉　　Ⓑ〈X－Y－Z＝ia〉
　P－Q＝a　　　　　　X－Y＝i
　Q－R＝i　　　　　　Y－Z＝a

　X－Yに上昇の動態が見られるのは、/i/ の舌位が高いことの反映である。
　ここで注目すべきは、Q－R、Y－Zがそれぞれ第四声の特徴部分を全面的に担っていることである。

　以上、〈図11〉〜〈図14〉で見てきたように、中国語の声調の調形は、韻母を構成する母音の舌位によって、かなりの相違が存在する。
　前述のように、ここで /ai/ と /ia/ を取り上げて提示したのは舌位が最も低い母音である /a/ と最も高い母音である /i/ によって構成されている韻母の場合に、韻母を構成している母音のちがいが、その調形の差異に最も顕著に現れるからである。
　言うまでもなく、/u/ も /i/ と同様に舌位の高い母音であることにより、/ai/ と /ao/、/ia/ と /ua/ の調値動態はそれぞれ近似している。

本節は、韻母を構成している母音の相違が、調形にどのように反映されるかを提示することが目的であるので、韻母の構成1つ1つについて、詳細なデータを示す意味はない。
　従って、ここでは、/ao/、/ua/のデータは提示しない。
　ここで、第4節で言及した声調核について再説する。
　前述したように、韻母が複数の母音によって構成されている場合、その音節の調値を特徴づける声調核は主母音に存在するとされてきている。
　声調符号を付ける規則は基本的にこのことを根拠としている。
　しかし、〈図12〉で指摘したように、/ai/は主母音である/a/よりも韻尾である/i/の方が上昇の度合いは急激であり、どちらかと言えば、韻尾/i/に声調核が存在すると見てとることができる。
　また、〈図14〉からは一見して明らかであるように、/ai/の主母音である/a/ではなく、韻尾である/i/に第四声を特徴づける下降調を見てとることができる。
　このように、第二声及び第四声においては、声調核は音節の末尾音に存在しているのである。
　紙幅の制約もあり、ここでは調値動態は提示しないが、このことは、韻尾が/-n/、/-ng/であっても同様である。（本章第7節参照）
　次節の「声調を習得する要領」において、第二声及び第四声を習得する要領について、音節を構成している最後の音、つまり音節末尾音を急激に上昇させる（第二声）、急激に下降させる（第四声）と記述しているのは、このことを根拠としている。
　図から明らかであるように、介母が/i/である/ia/は声調の如何を問わず、主母音/a/が他の声調との弁別的な調形を担っており、介母/i/は調形には全く関与していない。
　従って、/ia/の場合は主母音である/a/に声調核が存在していると見て差支えない。
　一方、/ai/の場合は、第三声においては主母音/a/が弁別的な特徴部分を担っていると見てとることができるが、第四声の場合は明らかに韻尾/i/に第四声の弁別的特徴を見てとることができ、声調核は韻尾に存在し

ている。主母音である /a/ はむしろその前駆的な調形を担っているにすぎない。

2) 三重母音からなる韻母の調値動態
 (1) /iao/、/uai/ の場合
  /iao/、/uai/ の調値動態は、介母がいずれも舌位の高い /i/、/u/ であることによって、出だしは /ia/ の場合と同じであるが、韻尾に舌位の高い /u/、/i/ が加わる分だけ、調尾が高くなり、主母音の /a/ もその影響を受け、/ia/ の場合よりやや高くなる。
 (2) /iou/ と /uei/ の場合
  主母音が /a/ でない三重母音は、/iou/、/uei/ があるだけであるが、いずれも介母が舌位の高い /i/、/u/ であり、主母音が舌位の低い /a/ の場合と比較して、舌位が中位の /o、e/ である分だけ調腹の調形に多少の相違が見られる。但し、この「多少の相違」はデータを細かく示すことはできるが、本書は中国語音声学の専門書ではなく、また、そのデータが中国語の音声教育に有用であるわけでもないので、この点はこの程度の記述に止める。
 (3) 韻尾が /-n/、/-ng/ の場合
  韻尾に /-n/、/-ng/ を伴う /an/、/ang/、/in/、/ing/ と /ian/、/iang/、/uan/、/uang/ 及び /üan/ の調値動態は、/n/ が歯茎、/ng/ が軟口蓋という上顎で調音される音であることにより、/an/、/ang/ は /ai/ と、/uan/、/uang/ は /uai/ とほとんど変わりない調値動態が見られる。
  また、前述したように、これら韻尾に /-n/、/-ng/ を伴う音節の声調核は第二声及び第四声においては例外なく韻尾 /-n/、/-ng/ に存在する。

第7節 声調を習得する要領

外国語を学習する場合、学習者の母語に存在しない音声の習得が難しい

ことは言うまでもない。しかし、それをより効率的に習得する要領、コツは存在する。

以下、中国語の声調を効率的に習得するための要領について述べる。

1. 第一声

日本語話者が日本語を話す時の高低の幅は通常100Hzから250Hzと言われ、わずか150Hzの高低の幅でコミュニケーションを展開している。一方、中国語話者が中国語を話す時の高低の幅は通常100Hzから400Hzと言われている。

このことから、日本語話者は、日常のコミュニケーション活動において、高い音を発声することに慣れていないことがわかる。

第一声は、日本語話者が通常日本語で発声していない250 Hzより高い音である。従って、思い切り高い音、できるだけ高い音を出すように学習者に言い続けなければならない。

第一声を高く発声すればその分だけ中国語らしくなり、同時にその分だけ声域が広がることになる。声域が広がると、狭い声域で高低の変化をさせるより、広い声域で変化をさせる方がずっと容易であり、高低の変化を実感しながら声調をマスターすることができることとなる。

なお、学習者に第一声の声調習得の練習をさせるとき単母音や単母音からなる語例を取り上げる場合は、例えば、/a/ は /aa/、/ma/ は /maa/ のように、母音を2回発音する要領で練習すれば、学習者は第一声の実態を実感しやすくなる。

このような練習方法は、同時に、学習者に中国語の音節の等時性を認識させることとなり、中国語の音声的特徴を実感させることにもなり、極めて有益である（音節の等時性は本章第11節で詳述）。

2. 第二声

簡単に上昇調であると言っても、学習者は発声の起点をどことするのか、どのような上昇の仕方にするのか容易に理解することはできない。学習者は声調符号を見て直線的に上昇させるものと理解するのであるが、そ

もそも直線的に上昇させることなど容易にできることではない。

　本章第5節で示したように、上昇調を発音しようとする場合、その上昇が急激であればあるほど、上昇するための弾(はず)みをつけなければならない。逆に言えば、弾みをつけなければその反動としての上昇調を出すことは難しい。これは発声生理学的にきわめて自然なことである。

　弾みをつけるとは、一旦下降し、その反動で上昇させることである。

　本章第5節で取り上げた先行研究の多くに、第二声にも調形に凹みが見られるとか、第三声とその調形はほとんど差がないとの指摘が見られるのは、第二声の特徴部分の助走とも言える先駆的部分の弾みをも第二声の調形の一部であると見做しているからである。

　第二声は音節を構成している音節末尾音の韻尾で急激に上昇させるのがコツである。

　発声しやすい中位の高さを起点として、例えば、"来 lái" は〈図15〉の①のように、/la/ を発音し、音節末尾の /i/ で急激に上昇させるのである。

　このことは〈図15〉の②、③のように、音節末尾音である韻尾が /-n/、

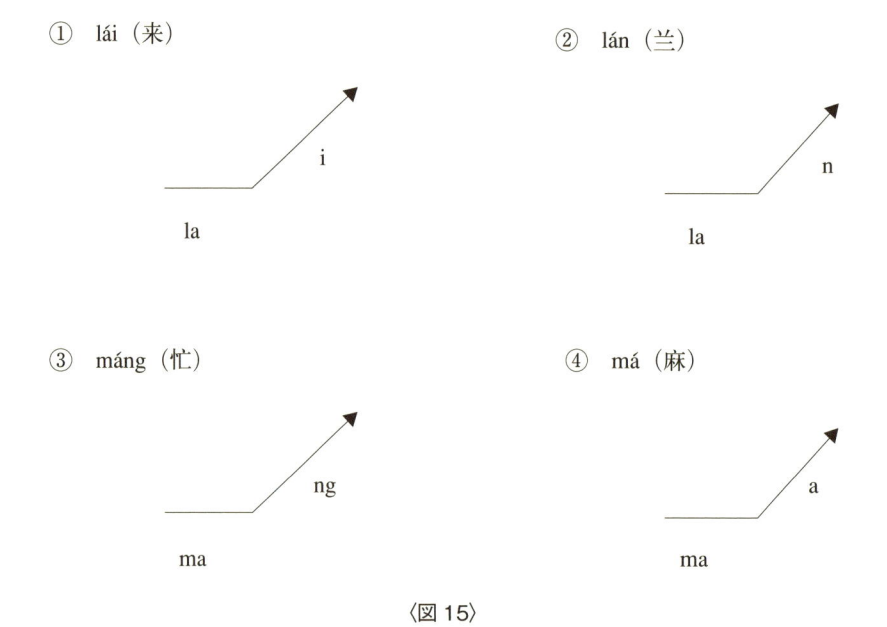

① lái（来）

② lán（兰）

③ máng（忙）

④ má（麻）

〈図15〉

/-ng/ の場合であっても全く同様である。

また、母音が1つである音節の場合は、〈図15〉の④のようにその母音を2回発音し、2回目の母音で急激に上昇させるのがコツである。

3. 第三声

低く抑えた音を発声するには多大なエネルギーを消耗する。生理学的には高い音を発声するよりエネルギーの消費量は大きいと言われている。

第三声の連続で先行音節の調形が上昇調に変化するのは多大なエネルギーの消耗を避けるためである。

また、第三声に後続する軽声音節は他の場合と異なり、際立って高く且つ強い。この音声事実は、一般に"又軽又短"とされている軽声音節の定義を根本から揺るがしている。第三声はこれほどまでに強烈な個性を有し、さまざまな音声現象に大きな影響力をもった声調なのである。

さて、この個性豊かな第三声の発音の要領であるが、前掲の安定した体系である声調のモデルで示したように、第三声は第一声の高平調に対する低平調であることを学習者に確と認識させ、例えば mā と mǎ を交互に発音してみせるなどして、学習者に復唱させることが大切である。

学習者に「低く抑える」と説明してもどのようにすれば低く抑えた音が出せるか分からないはずであるし、低く抑える抑え方を発声生理学的に説明するのは難しい。

学習者は声調符号に惑わされて、例えば、"好 hǎo"は〈図16〉のように発音する傾向が強い。

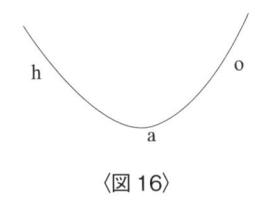

〈図16〉

しかし、この発音は全くダメである。第三声をこのような調形でマスターすると、この「悪いクセ」はそれ以降なかなか修正が難しく、例えば、

"我的 wǒ de"、"好的 hǎo de" はそれぞれ、"woǒ de"、"haoǒ de"（・印は強さアクセント）と聞こえるような発音をしたりすることになる。

　学習者にこのような「悪いクセ」をつけさせないようにするためには、学習者に対して〈図17〉を示し、低く抑えるところまでで、第三声の音節のすべての発音を終えるように指導することが大切である。低く抑えて、抑えたままの状態を持続するのは生理的に苦しいので、自然に上昇しようとする。第三声の音節に後続する音節は、その声調の如何にかかわらず、低く抑えられた状態を一旦断ち切って、その声調が発音されるわけではない。低く抑えられた状態から、自然に上昇しようとするまさにその時点から、後続音節の発音が始まり、この第三声と後続音節によって、〈図17〉のように波の谷を形成するような調形になるのである。学習者にはこのことを繰り返し説明し、後続音節が第一、第二、第三、第四声、軽声である語例によって、発音練習をして、第三声の実態を実感させることが大切である。（第3章第2節で詳説）

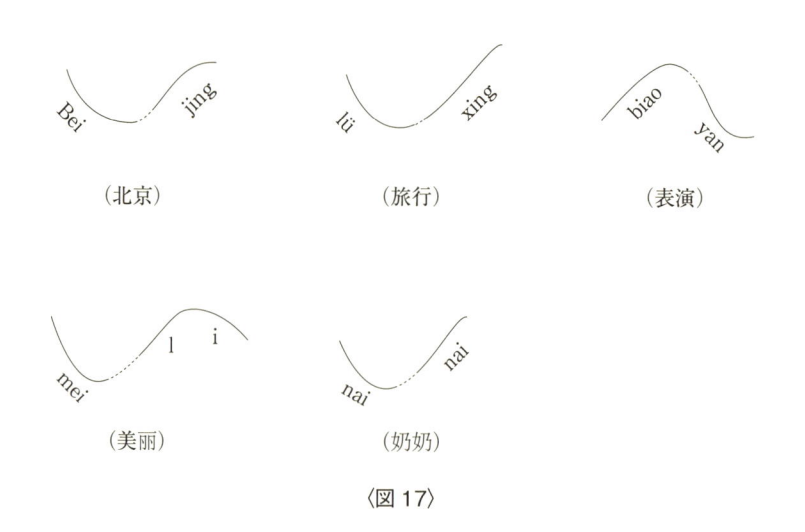

（北京） （旅行） （表演）

（美丽） （奶奶）

〈図17〉

① mài（卖）

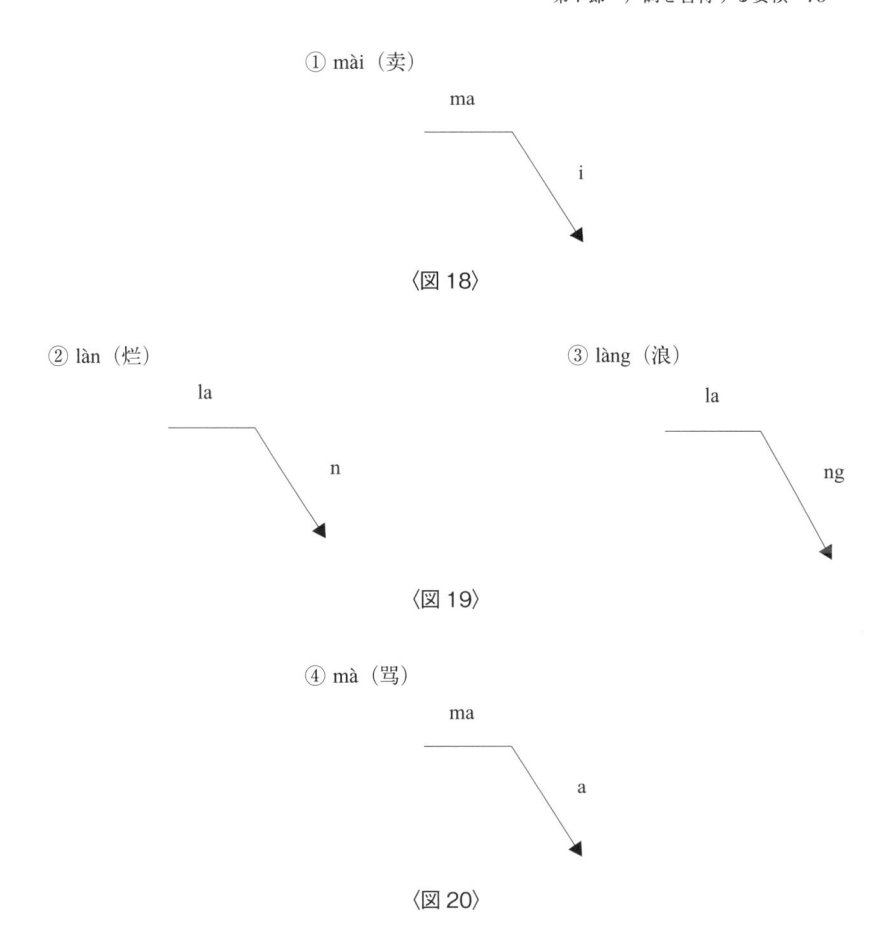

```
ma ‾‾＼
        ＼
         ▸i
```

〈図18〉

② làn（烂）

```
la ‾‾＼
        ＼
         ▸n
```

③ làng（浪）

```
la ‾‾＼
        ＼
         ▸ng
```

〈図19〉

④ mà（骂）

```
ma ‾‾＼
        ＼
         ▸a
```

〈図20〉

4．第四声

　第四声は第二声と対比させて説明するのが有効である。

　第二声の起点は低い位置であるのに対して、第四声の起点は高い位置ではあるが、発音の要領は第二声の場合と表裏の関係にある。第二声は音節を構成している末尾音で急激に上昇させるのに対して、第四声は音節を構成している末尾音で急激に下降させるのがコツである。

　このコツは、〈図19〉の②、③のように、音節の末尾音である韻尾が /-n/、/-ng/ であっても全く同様である。

　また、韻母に母音が1つの場合は、第二声の場合と同様に、〈図20〉の

④の要領でその母音を2回発音し、2回目の母音で急激に下降させるのがコツである。

なお、第二声および第四声のところで提示した〈図15〉と〈図18〉〜〈図20〉は、発音の要領として描いたものであり、現実の声調の調形は丸みを帯びた滑らかで波を描くような曲線であることは言うまでもない。

第8節　軽声

軽声と"重念"、"重読"

軽声は、少なくとも中国語教育の世界においては、"汉语拼音方案"が制定されて以降に導入された概念である。

それ以前は、中国語教育の世界においては、逆に強さアクセントが取り上げられ、"重念"、"重読"というタームを用いて、「この語を強く発音しなさい」と指示するマークが付けられていた。

軽声を"又軽又短"とするならば、"重念"、"重読"はそれとは対照的に"又重又长"ということになる。

前述したように、"普通话"には調類が僅かに4類しか存在しないということは、ストレスアクセントが音韻論的に有意味に機能していると考えるのが妥当である。

従って、軽声も"重念"、"重読"もともにストレスアクセントに関わる概念であるので、例えば、ストレスアクセントのストレス度を「重、中、軽」の3段階に設定するとすれば、それらは重、中、軽の軽と重に相当するものとして1つの土俵に上げ、統一的に説明することができそうに思われる。

しかし、"重念"、"重読"とされてきたものは対話における発話の焦点や新情報を指すこともあり、語レベルにおけるストレスアクセントとは限らない概念である。従って、この2つは同一の土俵で論ずることのできない、次元の異なるものである。

なお、発話レベルにおけるストレスアクセントについては第4章で詳述する。

第 8 節　軽声　77

軽声音節の音声実態

　軽声は前述のように一般に"又軽又短"と説明されてきている。そもそも、「軽い」或いは「弱い」、「短い」は相対的な概念であり、例えば、「軽く、そして短く」と説明されても、何よりも軽く、何よりも短いのか分からない。理論的には、基本声調を持った音節よりも軽く短いということになるが、音声実態としては決してそうとは限らない。

　とりわけ、第三声に後続する軽声音節には基本声調を持った音節よりも強く、長く発音される場合が多く存在する。従って、一見分かりやすいと思われる「軽く短い」という説明が学習者には如何に理解しがたいものであるかを承知しておかなければならない。

　この点において、1958 年にソビエトの扎多延柯（チャトエンコ）が提起し、筆者が整理した〈図 21〉は、軽声の実態を浮き彫りにしており、軽声の本質を理解するのに大きな助けとなる。

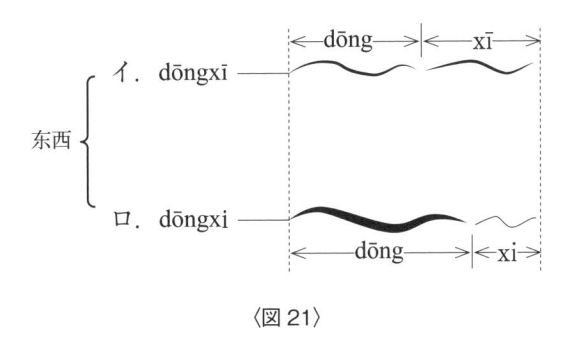

〈図 21〉

　この〈図 21〉から明らかであるように、軽声音節に先行する音節は基本声調をもった音節よりも強くて長いのである。

　このことを中国語の音声教育で活用するとすれば、軽声は「軽声音節に先行する音節を基本声調を持った音節よりも強く、長く発音して、それに続いて弱く短く付け加える音節」ということになる。

　弱く短いと対照的な強く長い音節が直前に存在することによって、学習者は相対的に軽声音節の弱さや短さを実感しやすく、同時に発音しやすいことは言うまでもない。

軽声音節の高さ

なお、董少文等は、すでに50年以上も前に、軽声を第一声に後続する場合は声域の五段階法による2、第二声、第三声、第四声に後続する軽声は、それぞれ3、4、1の高さとした。そして、このことは今日なお、中国語のテキストなどにもしばしば借用されている。

軽声が音高形式であるのか音強形式であるのかについては、研究者の間でいまだ見解は一致していないが、軽声は明らかに音強形式である。このことについては第3章で詳説する。

しかし、仮りに、中国語の音声教育において、軽声を高さで説明しようとするならば、「第一、二、四声に後続する軽声音節は低く、第三声に後続する場合は高い」という説明に尽きる。

何故ならば、中国語話者の軽声を音声分析機器で分析してみると、第一、二、四声に後続する軽声の高さはそれぞれ発話ごとに異なり、それぞれ、1、2、3とまちまちであり、一定してはいないからである。加えて、声域を五段階に分け、その中の、1、2、3、4の高さを発音し分けたり、聞き分けたりできる人は、聴覚の相当鋭い人を除いてほとんど存在しないからである。

中国語のテキストにしばしば登場する軽声の高さについての図は、以下

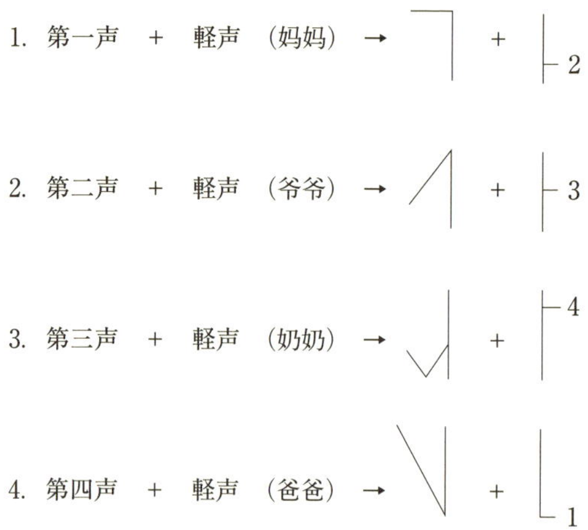

1. 第一声 ＋ 軽声 （妈妈） → ￣ ＋ ├2

2. 第二声 ＋ 軽声 （爷爷） → ／ ＋ ├3

3. 第三声 ＋ 軽声 （奶奶） → ∨ ＋ ├4

4. 第四声 ＋ 軽声 （爸爸） → ＼ ＋ └1

〈図22〉

〈図23〉

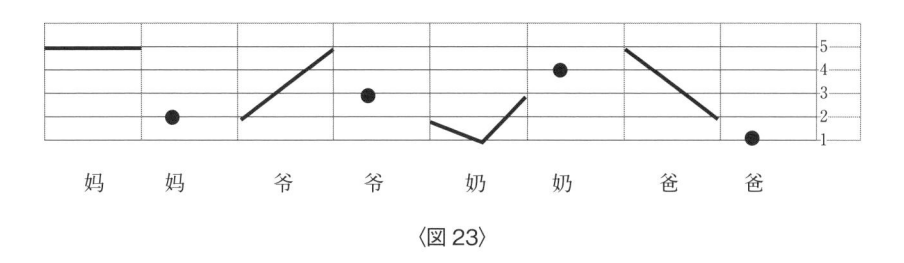

の〈図22〉、〈図23〉がその代表的なものである。

出典はいずれも上記の董少文の指摘である。

学習者にこのような〈図22〉や〈図23〉を示したならば、教える方の側は当然のことながら、学習者にそれぞれ発音し分けてみせなければならないことになる。

いいかげんな人は論外として、中国語の音声教育に真面目に取り組んでおられる人ならば、この軽声の音高の発音には頭を悩まされているはずである。

聴覚の鋭い学習者がいて、「先生の発音では、第三声の後の軽声以外には高さの上で差が聞き分けられません」と言われたら、どうするのであろうか。

軽声の種類

軽声音節は、厳密に言えば、統語的な機能によって、その音声的実態は一様ではない。

軽声は以下の種類に分けられる。

1. 語彙的軽声
   1) 外来語　：葡萄，萝卜，玻璃
   2) 同音語　：星星，娃娃，咪咪
   3) 接尾辞　：包子，木头，我们
   4) その他　：意思，痛快，喜欢

2. 統語的軽声
    1) 語気助詞　　：好吗?，他呢?，走吧!
    2) 構造助詞　　：我的书，慢慢地走，听得懂
    3) 時態助詞　　：吃了，走着，来过
    4) 重複形　　　：看看，尝尝，试试

1. 語彙的軽声
調音時間は短く、典型的な弱化音節である。

2. 統語的軽声
　1) 語気助詞
　　　語気助詞においては話し手の心情が表出されるので、一般に弱化の度合いは低く、とりわけ第三声に後続する場合は基本声調をもった音節より、強く、長く発音されることが多い。
　　　先に、第三声に後続する軽声音節は、仮に高さを言うならば他の軽声音節より高いと述べたが、同一の語気助詞"呢?"であっても、"他呢?"の"呢"は低く且つ弱いが、"你呢?"の"呢"は高く且つ強い。
　2) 構造助詞
　　　構造助詞で大切なことは、軽声音節の調形が、先行音節と後続音節へのスムースな波を形成するためのわたりの役割を担っていることである。
　　　以下にそれを図で示す

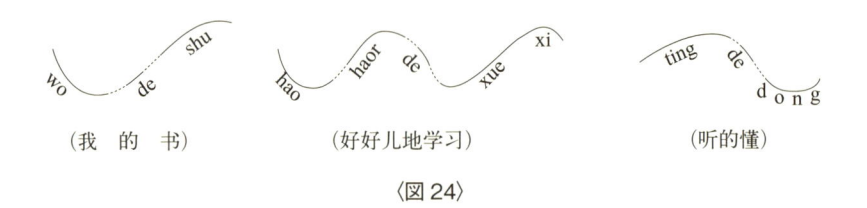

（我　的　書）　　　　（好好儿地学习）　　　　（听的懂）
wo de shu　　　　　　hao haor de xue xi　　　ting de dong

〈図24〉

3) 時態助詞と 4) 重複形

　　　語彙的軽声の音声実態と基本的に一致する。

なお、動詞或いは介詞の目的語である人称代名詞は、現実の発話行為においては、人称代名詞が発話の焦点であったり、取り立てられた成分である場合を除いて、通常軽声で発音される。

以下にその表現例を挙げておく。

　　　{ A：他在吗?
　　　　B：打他三次电话，没人接。　（動詞の目的語である人称代名詞）

　　　{ A：你参加吗?
　　　　B：我很想去参加，但学校不让我去。

　　　　　　　　　　　　　　（介詞の目的語である人称代名詞）

第9節　軽声音節に見られる音声変化

　軽声は、語アクセントにおける強さアクセントにかかわる現象であり、高さアクセントにかかわる現象でないことは既に述べた。軽声音節は、声調を有する一般の音節に比べて、弱く短く発音される弱化音節である。

　あらゆる言語において、弱化音や弱化音節には、一般にさまざまな音声変化が見られる。

　中国語の軽声音節には　1. 母音の無声化、2. 母音の中舌化、3. 無気音の有声音化と有気音の無気音化　という音声変化の現象が見られる。

　以下、これらの現象について解説していく。

1. 母音の無声化

　趙元任は、舌位の高い母音である /-i/、/-u/、/-ü/ に限って無声化の現象が見られるとしている。

　音声学的に言って、舌位が高いということは、舌先や舌根が限りなく上

顎に接近しているのであるから、舌先や舌根と上顎との間に狭めができることとなり、気流を遮ることはなくとも気流のスムースな流れを妨げる状態が生ずることとなる。換言すれば、舌位の高い母音は、音声環境や音声変化によって時には母音性を喪失することがあると言うことである。

　従って、趙元任が、"意思 yìsi"、"豆腐 dòufu"、"钥匙 yàoshi"、"客气 kèqi"、"进去 jìnqu" などを例に挙げて、/-i/、/-u/、/-ü/ が無声化すると指摘するのは、音声学的には根拠を有するものである。

　しかし、例えば、"菩萨 púsà" の /sa/ は辞書的には軽声ではないが、現実の発話行為においては、それがすでに話題として取り上げられている場合は "菩萨 púsa" 軽声で発音され、/a/ にも明らかに無声化を見てとることができる。いうまでもなく、/a/ は母音の中で最も舌位の低い母音である。また、"颜色 yánsè" も "菩萨" と同様の条件下にある場合、/e/ は中舌母音であるが、この場合の /e/ にも無声化を見てとることができる。

　このように見てくると、軽声音節における母音の無声化現象は、母音の舌位の高低に関係なく生じるということになる。

　しかし、そうであるからと言って、軽声音節における単母音は如何なる場合においても無声化するとするのは危険である。

　軽声音節における母音の無声化現象は、母音の舌位よりも、その軽声音節の声母の調音方法とより密接な関係をもっている。

　趙元任が取り上げている語例や筆者が挙げた語例から明らかであるように、これらの語例の声母はすべて摩擦音である。

　摩擦音に後続する母音が弱化すると無声化現象の生起し易いことは、あらゆる言語に見られる現象である。日本語の関東方言にみられる「〜します〜simasu」の /u/ が無声化するのもそれである。

　摩擦音は口腔の調音器官によって気流の通路を狭めることによって発生する子音で、聞こえはかすれであるが、この摩擦音は音響学的には子音の中でも最も噪音性が高い。噪音性が高いということは子音性が高いということであり、母音とは全く対極にある音である。従って、摩擦音に後続する弱化母音はその直前の噪音性の高い摩擦音の影響を受けて無声化するのである。

声母が摩擦音であるのに次いで、母音が無声化しやすいのは、声母が有気音の場合である。それは、第 1 章第 1 節の「有気音と無気音」で記述したように、有気音が極めて摩擦性の高い子音であることによる。

さらに詳しく言えば、有気音の中でも破擦音である /q/、/ch/、/x/ は、破裂音である /p/、/t/、/k/ よりもそれに後続する弱化母音はより無声化しやすい。また、それに次いで、無気音の中でも破擦音である /j/、/zh/、/z/ は、閉鎖音である /b/、/d/、/g/ よりもそれに後続する弱化母音はより無声化しやすい。このように無声化の生じ易さを序列化して示すことはできるが、中国語の音声教育においては、それはほとんど意味のないことであるので、母音の無声化現象についてはここではこれ以上は論じない。

2. 母音の中舌化

趙元任は、軽声音節には母音の中舌化現象が見られると、つぎのような法則性のあることを指摘している。

(1) ia 変 ie, 例如　李家　念　李街
　　　　　　　　　黒下　念　黒谢

(2) ua 変 uo, 例如　棉花　念　棉货
　　　　　　　　　笑话　念　笑货

(3) ai 変 ei, 例如　回来　念　回累
　　　　　　　　　脑袋　念　脑 dei

(4) 语气助词韵母变 e, 例如　罢了　念　be 勒 le

母音の中舌化とは、舌位の高い母音（/i/、/u/、/ü/ など）の舌位が低くなったり、舌位の低い母音（/a/ など）の舌位が高くなったり、また、舌位が中位であって、前よりである母音（/e/ など）は後よりに、舌位が中位であって、後よりである母音（/o/ など）は前よりに変化したりする

現象である。

　趙元任の挙げている(1)、(2)、(3)、(4)はいずれも主母音の中舌化である。

　理論的には弱化音節と言えども、主母音は変化し難いと考えられるが、趙元任の指摘を見るかぎり、そうとは限らないことになる。

　一般に、弱化音節は、1つの音節が全体として弱化すると認識されている。軽声音節に対するこのような捉え方は基本的に間違いではない。

　しかし、より厳密に観察してみると、中国語の弱化音節には、音節を構成している複数の音素は時系列でその弱化度が高まる傾向が見られる。

　この現象は発声生理学的には極めて自然なことである。

　ここでは母音の中舌化について論じているので、声母の弱化現象はつぎの項目に譲るとして、韻母を構成している複数の音素が時系列で弱化度の高まることについて記述する。

　弱化度が高まるとは、この場合、中舌化の度合いが高まるということである。

　時系列で中舌化の度合いが高まるとは、韻母が介母、主母音、韻尾の3つの音素で構成されている場合は、韻尾、主母音、介母の順に、主母音、韻尾で構成されている場合は、韻尾、主母音の順に、さらに、介母、主母音で構成されている場合は、主母音、介母の順に中舌化の現象が起こり易いということである。

　このように見てくると、趙元任の指摘している〈(3) ai 変 ei〉は軽々に首肯することはできない。

　趙元任は、"回来 huílai" の例語を挙げ、"lai" の主母音である /a/ だけが中舌化して、/e/ に変化するとしている。しかし、現実の発話行為を観察してみると、この /a/ は、中舌母音の中でも比較的前よりで、比較的鮮明な [e] に近い音に変化するのではなく、前よりでも後よりでもない極めて不鮮明な [ə] に近い音に変化している。

　つまり、中舌化して、変化はしているけれども、/a/ の音の領域（[ɐ]、[ʌ]、[ə]、[æ] など）を外れていないということである。従って、聞こえとして /a/ の音色が聴取される。

　但し、上海語など呉方言話者の "普通话" では明瞭な [e] と発音し、

韻尾の /i/ は消滅する。

　一方、もっと重要なことは、趙元任は、/lai/ の韻尾の /i/ は変化しないとしているが、現実の発話行為を観察してみると、この /i/ は主母音の /a/ よりももっと中舌化の度合いは高く、/i/ の音の領域を外れて、限りなく［e］に近い音に変化している。

　従って、"回来 huílai" の "lai" は聞く耳には［lɐɛ］と聴取される。

　言うまでもなく、このことは、趙元任がいま1つ挙げている "脑袋 nǎodai" の "dai" の /ai/ のみならず、/ai/ を韻母とするすべての軽声音節に当てはまる。

　弱化音節においては、音節の末尾音だけではなく、声母も含めて、音節を構成しているすべての音素が大なり小なり変化をするのであるが、より詳細に言えば、声母も含めて、音節を構成している複数の音素は時系列で弱化度の高まる傾向が見られるということである。

　現実の発話行為において、聴覚印象として、主母音と韻尾或いは介母と主母音とが一体となって、その中間のような曖昧な母音となるようなケースが多く存在しているのはそのためである。

　但し、このような軽声音節における母音の中舌化の現象は、中国語の音声教育において、特に取り立てて説明することではないので、ここではこれ以上は論じないこととする。

3. 無気音の有声音化と有気音の無気音化

　軽声音節においては、無声音である無気音の声母には有声音化、有気音の声母には無気音化の現象が見られる。

無気音の有声音化

　無気音の有声音化とは、例えば、"我的书 wǒ de shū" の "的 de" の /d/ が、無声音の［t］から有声音の［d］に変化する現象のことである。

　第1章第1節で記述したように、無気音 /b/、/d/、/g/ はそれぞれ両唇、歯茎と舌先、軟口蓋と舌根によって、閉鎖を作り、その閉鎖をゆるやかに開放することによって調音する声母であり、/j/、/zh/、/z/ は、それぞれ

硬口蓋前部と舌先、上顎と舌側面、歯裏と舌先によって閉鎖を作り、その閉鎖をゆるやかに開放し、それに引き続いて摩擦をさせることによって調音する声母である。

これらの声母は、軽声音節においては、閉鎖も開放もぞんざいになり、それによって閉鎖性の度合いも開放の程度も低くなり、それに伴って気流の妨げもルーズになり、気流の妨げがルーズになると母音の調音に近くなり、声帯が振動し易くなって、有声音化するのである。

なお、無気音の有声化の現象は、軽声音節に限ったことではなく、第三声にも見られるし、/j/ 及び /z/ は声調の如何にかかわらず、本来的に有声音性を帯びた声母である。

言語がコミュニケーションの手段・道具であり、身体の一部である調音器官を使って人間が産出する音声であるかぎり、聞き手に誤解を与えないという制約の下で、発声生理学的に言って、通常、無理がなく、多大なエネルギーを消耗しない発声が選択される。

無気音の第三声に有声音化の現象が見られるのは、第三声の低平調の発声には生理的に多大なエネルギーと緊張が伴うので、それを軽減するために有声音化が起るのである。それは、有声音の調音は無声音のそれより調音器官の緊張度が低く、消耗されるエネルギーもより少ないからである。

有気音の無気音化

有気音の無気音化とは、例えば、"葡萄 pútao" の "萄 tao" の /t/ が、有気音の［tʻ］から無気音の［t̥］に変化する現象のことである。

この現象は無気音の有声化現象と全く同じ原理である。

有気音 /p/、/t/、/k/ は、それぞれ両唇、歯茎と舌先、軟口蓋と舌根によって気流を妨げ、その妨げた気流を摩擦をさせながら、気音を伴なって口腔の外へ放出する声母であり、/q/、/ch/、/c/ は、それぞれ、硬口蓋前部と舌先、上顎と舌側面、歯裏と舌先によって気流を妨げ、その妨げた気流を、摩擦させながら、気音を伴って、口腔の外へ放出する声母である。

これらの声母は、軽声音節においては、気流の妨げも、摩擦のさせ方も、そして気音の伴い方もぞんざいになる。摩擦のさせ方がぞんざいになっ

て、摩擦化現象がほとんど発生しなくなったり、気音がほとんど伴わなくなると、無気音とほとんど変わりない音声実態となるのである。

第10節 "er"とル化音

"er"とル化音の発音の要領

　"er"の発音の要領は、ル化音とペアで説明したり、発音練習をするのが有効である。それは発音の要領が酷似しているからである。

　"er"とル化音は、いずれも舌を上顎に向って反り上げるのであるが、"er"は緩やかに反り上げ、ル化音は素早く反り上げるところにそのちがいがある。それは言うまでもなく"er"はそれ自体で一音節であり、一音節分の調音時間が確保されるために、緩やかに反り上げることが可能であるが、一方、ル化音は音節末尾音であるがために、いわば余分な末尾音が付加されることとなるために、音節の等時性の制約によって、その分だけ素早く反り上げることが求められるからである。

　つぎの項目で記述するが、韻尾が /-i/、/-n/ である音節がル化する場合に、この /-i/、/-n/ が脱落するのは、音節の等時性の制約に起因する。

　ル化は北京語特有の音声現象であるが、"普通话"は北京語が音声面の標準となっていることと、北方方言の語彙が普通話の語彙の基礎となっていることにより、"普通话"の中にル化韻尾を有する語彙が若干使用されているのである。

ル化に伴う韻尾の音声変化

　ル化音について重要なことは、ル化現象が起こることによって生ずる音節末尾の音声変化であり、その音声変化の法則である。

　音声変化の法則はつぎの2項にまとめることができる。

1. 音節末尾である韻尾の調音に引き続き、上記のように舌を素早く反り上げる。

    但し、韻尾が /-i/、/-n/ である場合は /-i/、/-n/ が脱落する。脱落

した結果、元の主母音の復活する語がある。
2. 音節 /zhi/、/chi/、/shi/、/ri/ 及び /zi/、/ci/、/si/ が儿化する場合は /-i/ と儿化音との間にわたりの［ᵊ］が入る。

これらの外にも、例えば"明儿见。"の /míngr/ の /i/ は鼻音化するなどの音声変化は存在するが、中国語の発音教育において、これらの変化を取り上げる必要はほとんどない。
　1. の但し書きの「韻尾 /-i/、/-n/ が脱落した結果、元の主母音が復活する」というのは、"一点儿"、"一会儿"がその語例である。
　/ian/ の /a/ が［ɛ］に近い音であるのは、/ian/ の調音のメカニズムの上から言って極めて分かり易く、多くの言語に見られるいわば「横着の原理」である。
　/ian/ の調音のメカニズムは、/i/ から出発して /a/ まで行き、そしてまた同じルートを通って /i/ の舌位に近い歯茎音の /n/ に帰るのであるが、/a/ まで行かないで、/a/ と /e/ の中間である［ɛ］のあたりから引き返すという生理的な省エネの横着が働いた結果、［iɛn］と変音されるのである。
　従って、第三声は4つの調類の中で調音時間が一番長いことによって、/a/ まで行く時間的余裕が生じ、その分だけ［ian］と発音されるケースが発生することとなる。
　因みに、/üan/ には、この /ian/ に近い音声実態が見られるので、ここで言及しておく。
　中国語を教えていると、学習者から、例えば、「"远 yuǎn"の発音は［yɛn］（日本語の「ユエン」に近い）、［yan］（日本語の「ユアン」に近い）のどちらが正しいのですか」と聞かれることがある。
　また、学習者からこのような質問を受けたことはなくても、真面目な教師であれば、学習者に対して、どちらの音を教えるべきか悩むことがある。
　/ian/ と /üan/ は、/ian/ の /i/ が平口であるのに対して、/üan/ の /ü/ は［y］であり、舌位は /i/ と同じであるが、やや丸口であることだけにその違いがある。
　つまり、/üan/ は /ian/ と近い音なのである。従って、現実の発話行為

においては、［ɣan］と［ɣɛn］のいずれもが使用される。第三声の場合は、/ian/ の場合と同様に、調音時間の長い分だけ、［ɣan］の使用されることが多い。

また、この /üan/ は［ɣan］と［ɣɛn］の両方が使用されることにより、個人差が見られ、声調の如何を問わず［ɣan］と発音する人と、［ɣɛn］と発音する人とに分かれる。

さて、記述を本題に帰して、/ian/ の儿化音について論ずる。

/ian/ の儿化は音節末尾音が /-n/ であるから、この /-n/ が脱落する。

/ian/ の /a/ が［ɛ］に変化するのは前述のような調音のメカニズムに由来する。この /ian/ の音節末尾音である /-n/ が脱落すると、/ian/ の /a/ は本来の /a/ が復活することとなる。つまり、/ia/ の /a/ と同一の音となるのである。

従って、/ian/ の儿化音は、/ia/ の儿化音と同一の音となり、"一点儿 yìdiǎnr" の下線部分は、"家 jiā" の儿化音である "家儿 jiār" の下線部分と同一の音となる。

因みに、/üan/ の儿化音も、音節末尾音の /-n/ が脱落すると、/üan/ の /a/ は /ian/ の場合の /a/ と同様に、［ɛ］と発音されることは無くなる。

つぎに、"一会儿" は "汉语拼音方案" の正書法とかかわることであり、"一点儿" の場合とは事情が異なる。

言うまでもなく、"会 huì" は声母 /h/ と韻母 /uei/ が結合して構成された音節であるが、正書法により、"huei" ではなく /e/ を脱落させた "hui" と表記することとなっている音節である。つまり、主母音が脱落した表記である。

この音節が儿化すると、/i/ が脱落し、その結果、表記上脱落している主母音 /e/ が音声上明確に復活するために、表記とは似ても似つかぬ音声が顕現することとなるのである。

つぎに、2. のわたりの［ᵊ］の入る現象が発生するのは、［ɿ］、［ʅ］の調音に引き続いてわたりの［ᵊ］が入った方が発声生理学的にエネルギーの消耗は少なく、同時に素早く舌を反り上げ易いことが１つの理由である。いま１つの理由は、これらの音節はわずか２音素によって構成されてお

/e/ の儿化音と /en/ の儿化音

つぎに、/e/ の儿化音と /en/ の儿化音について見ていく。

理論的には、例えば、"歌 gē" が儿化した "歌儿 gēr" と "根 gēn" が儿化した "根儿 gēnr" の /e/ は同一の音であることになる。

しかし、音声実態としては /gēr/ の /e/ は /gēnr/ の /e/ よりも後よりの広い母音であり、/gēnr/ の /e/ は /gēr/ の /e/ よりも前よりの狭い母音である。それぞれ、儿化しても儿化していない元来の音を色濃く残している。

因みに、先に取り上げた "一点儿 yìdiǎnr" の /a/ が元来の [e] の音を残していないのは、[e] が平口の母音であることによる。

平口の構えで、舌を口蓋に素早く反り上げることは難しいからである。

第11節　音節の独立性と等時性

ここまで、音節の独立性、等時性というタームを多用してきた。
中国語は音節の独立性が強く、また等時性の強い言語である。

音節の独立性

音節の独立性とは、音声面で言えば、音節レベルにおいて、前後の音声環境の影響を受ける音声変化が起りにくいということであり、英語に見られるリンキング（linking）現象やフランス語に見られるリエゾン（liaison）のような現象は見られないということである。

このことは、第1章第3節で述べたように、日本語の撥音は、語中にある場合は後続する子音の調音点の影響を受けて変化し、語尾の場合はその直前の母音によって変化するのに対して、中国語の /-n/、/-ng/ は、後続音節の調音点の影響を受けることがないことからも、それを裏付けることができる。

換言すれば、日本語の撥音はそれ自体で音を定めることはできず、前後

の音声環境が設定されてはじめてその音が定まるのに対して、中国語の /-n/、/-ng/ は、音節末尾にあって、それ自体で音が定まっていて不変であり、そうであることによって、/-n/、/-ng/ を区別する必要のある場合はその直前にある母音が変化せざるを得ないということである。

このことについては、第1章第3節で詳述したが、いま一度、一つだけ語例を挙げて解説しておく。

例えば、"看 kàn" の /a/ は、/-n/ が口腔の前の方の歯茎であることの影響を受けて、/a/ は前よりの狭い「ア」となる。前よりの狭い「ア」とは、「ア」と「エ」の中間に近い音、母音「ア」の音の領域の中で、「エ」の領域に最も近い「ア」のことである。

一方、"炕 kàng" の /a/ は、/-ng/ が口腔の奥の方で調音されることの影響を受けて、この場合の /a/ は後寄りの広い「ア」となる。後寄りの広い「ア」とは、「ア」と「オ」の中間に近い音、母音「ア」の音の領域の中で、「オ」の領域に最も近い「ア」のことである。

語気助詞 "啊"

中国語には音節の独立性という特徴があるため、英語のリンキングやフランス語のリエゾンのような現象は見られないと前述したが、それらに近い現象が1つだけ例外的に存在すると言われている。

それは文末の語気助詞 "啊 a" である。

"啊 a" は先行音節の韻尾の影響を強く受けて、以下のように変化することがあるとされている。

  1. 先行音節の韻尾が、/i/、/ü/ であるとき、/a/ は /ia/ と発音されることがある。

    /ia/ は /ya/ と表記し、漢字の "呀" を当てる。

      表現例：

        他是谁啊？　→　他是谁呀？　（shuí a → shuí ya）

        这么好歌曲啊！　→　这么好歌曲呀！（gēqǔ a → gēqǔ ya）

  2. 先行音節の韻尾が /u/、/o/ であるとき、/a/ は /ua/ と発音され

ることがある。

　/ua/ は /wa/ と表記し、漢字の"哇"を当てる。
　　表現例：
　　　　这么多书啊！　→　这么多书哇！　（shū a → shū wa）
　　　　这是日中友好啊！　→　这是日中友好哇！
　　　　　　　　　　　　　　　　　　（yǒuhǎo a → yǒuhǎo wa）

　3. 先行音節の韻尾が /n/ であるとき、/a/ は /na/ と発音されることがある。
　/na/ には漢字の"哪"を当てる。
　　表現例：
　　　　你走得这么慢啊！　→　你走得这么慢哪！　（màn a → màn na）

　ここで大切なことは、語気助詞"啊 a"に限って、1. 2. 3のような音声変化の起こる「ことがある」のであって、規則的な変化ではないことである。
　語気助詞は、"普通话"で使用されているのは極く限られた数ではあるが、方言では無数に存在している。しかも、それらは、いずれも単母音ではなく、「声母＋単母音」、「声母＋二重母音」である。
　このような言語の社会的背景によって、音声実態としては /ia/、/ua/、/na/ でなくとも、そのように聞き取ったり、発音したりしている人が多いということである。
　なお、"呀 ya"は元来、1. で示した音声環境の下で誕生し、その後、この音声環境を離れて、一人歩きをしていると言われているが、その素生には調査が必要である。
　語気助詞は、話し手の側が情報交換の内容である命題や聞き手に対して表明する心情を表す役割を担っているが、"啊 a"はその語イントネーションによって、あらゆる心情を表明することができる、使い勝手のよい語気助詞である。
　語気助詞は、命題や聞き手に対して、話し手の心的かかわりを表明する

のであるから、聞き手に対してそのことを明確に伝達しようとすればするほど1音の /a/ よりも2音の方が聞き手の印象により鮮明に残り易い。多くの方言で、語気助詞が2音素以上であるのはその証左であり、上記の1. 2. 3. のような変化が生じやすいのもそれが理由である。

音節の等時性

　音節の等時性は、日本語教育の世界では、学習者に対して日本語のリズムの根幹は「拍」であるとし、それを把握させるためとして古くから使われてきたタームであり、手法である。

　しかし、日本語の特殊音節の調音時間は一般音節の約2分の1である。特殊音節を一般音節と同じ調音時間とすると全く不自然なコンピューター言語となってしまい、むしろ日本語のリズムやメロディーが壊れてしまうことになる。

　この点、中国語は、典型的な音節の等時性の強い言語である。そうであるにもかかわらず、学習者は"汉语拼音方案"の表記に惑わされて、音節を構成している音素の数が少なければ短く、多ければその分だけ長く発音する。

　これは日本語の場合、仮名表記の文字数が多ければ多いその分だけ長く発音することの母語干渉であり、また、英語でも日本における英語教育において、シラブル（syllable・音節）の数が多ければ多い分だけ長く発音するような教育を受けてきたことの弊害でもあろう。

　因みに、筆者は20代の中頃に、イギリスの音声学者である Daniel Jones が、「以下の4つの表現は、ほとんど同じ時間で発話しないと英語にはならない。それは、English の /E/ と easy の /e/ に発話レベルのストレスアクセントの核が存在し、核と核との間にシラブルがいくつあろうとも同一の時間で発話するのが英語のリズムの定めである」と述べているのを読み、大きな感動を覚えたことがある。

　　1. English is easy.
　　2. English is very easy.
　　3. An English lesson is easy.
　　4. An English lesson is very easy.

さて、音節全表を一見してわかるように、中国語の411の音節には、ローマ字の文字数としては1つのものから最大6つのものまである。音節の表記に用いられているローマ字は一漢字の音を表すために借用されているものであるが、その表記にはそれなりの体系の存在していることは、事に触れて言及してきた。従って、学習者に対しては、一漢字の音を表すローマ字表記のローマ字の数が1つであろうと6つであろうと同じ時間で発音することの大切さを力説しなければならない。

例えば、つぎのような語例を挙げ、長さを示して説明したり、練習したりすることは有効であろう。

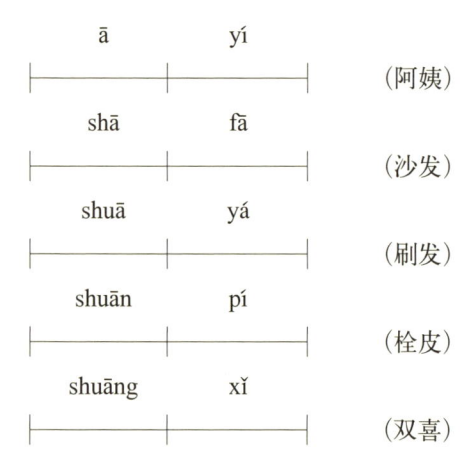

```
    ā        yí
|–––––––––|–––––––––|        （阿姨）
    shā       fā
|–––––––––|–––––––––|        （沙发）
    shuā      yá
|–––––––––|–––––––––|        （刷发）
    shuān     pí
|–––––––––|–––––––––|        （栓皮）
    shuāng    xǐ
|–––––––––|–––––––––|        （双喜）
```

ここで述べていることは、中国語という言語の音声面における体系であり、構造であり、法則である。そして、それが中国語という言語の音声面の特徴でもある。従って、とりわけ初学者に対しては、この中国語の音声面の特徴をしっかりと把握させることが重要である。学習者にこれが把握されておれば、現実の発話行為に現れる音声面の「くずれ」の現象にも的確に順応することができる。

第3章　超音節レベル

　それぞれ個別の言語には、音声面において、それぞれの言語に固有の「らしさ」が存在する。

　この音声面の「らしさ」を本書においては、メロディーと称する。

　日本語のメロディーは、俳句や和歌にその原点を見てとることができるが、これらの拍数は、「5、7、5」及び「5、7、5、7、7」である。これらは、5や7に1拍の「間」を加えた「5＋1、7＋1、5＋1」及び「5＋1、7＋1、5＋1、7＋1、7＋1」としてはじめて日本語らしいメロディーが構成される。

　例えば、俳人小林一茶の「古池や蛙飛び込む水の音」は、「ふるいけや（＋1拍の間）、かわずとびこむ（＋1拍の間）、みずのおと（＋1拍の間）」という拍数にしてはじめて耳に心地よく聞えることとなる。

　また、歌人与謝野晶子の「柔肌の熱き血潮に触れもみで寂しからずや道を説く君」は、「やわはだの（＋1拍の間）、あつきちしおに（＋1拍の間）ふれもみで（＋1拍の間）、さびしからずや（＋1拍の間）みちをとくきみ（＋1拍の間）」という拍数にしてはじめて聞く人の耳に心地よく聞こえ、日本語らしい「調子」となるのである。

　金田一春彦の日本語偶数拍説、小泉文夫の日本語古来の音楽は1/2或いは2/4拍子とする説はいずれもこのことに依拠している。

　そこで、中国語のメロディーであるが、中国語のメロディーの基本的なユニットは二音節である。

　以下、中国語のメロディーの基本的ユニットである二音節について、そのduration（調音時間）、声調の組合せ及びストレスアクセントなどについて詳しく見ていく。

第1節　二音節の調音時間

　中国語が音節の等時性という音声的制約を有する言語であることはすで

に述べた。また、軽声の音節が声調を有する音節と比べてその調音時間がおよそ2分の1であることもすでに扎多延柯（チャトエンコ）の図で示した（第2章第8節「軽声音節の音声実態」参照）。

そこで、このことを踏まえて、中国語話者が、中国語らしいと感じ、聞く耳に心地よいと聞こえる二音節のまとまりについて具体的な表現例を挙げて説明する。

例えば、"春天暖和，夏天热，秋天凉快，冬天冷。"を取り上げてみよう。この場合、"春天""夏天""秋天""冬天"の"天"及び"暖和"の"和"と"凉快"の"快"を軽声で発音し、"热"は /re＋e/、"冷"は /leng＋ng/ と発音するとする。そうすると、仮に、声調を有する音節の調音時間を1とし、軽声音節の調音時間を0.5とすれば、すべての二音節語の調音時間は1.5となり、一音節語である"热"と"冷"にはそれぞれ、/e/、/ng/ が加わることにより、これらの一音節語の調音時間も1.5となり、すべての語が1.5の調音時間に統一されることになる。

春 天 暖 和，夏 天 热， 秋 天 凉 快，冬 天 冷。
Chūntiān nuǎnhuo, xiàtiān rè＋e, qiūtiān liángkuai, dōngtiān lěng＋ng.
1 0.5　1 0.5　　1 0.5 /re・e/　1 0.5　　1 0.5　　1 0.5 /leng・ng/
　↓　　↓　　　↓　1 0.5　　↓　　　↓　　　↓　1 0.5
1.5　1.5　　1.5　1.5　　1.5　1.5　　1.5　1.5

これで中国語話者が中国語らしく、心地よい音の流れを実感することとなるのである。

尤も、上記の表現例で、上記のように軽声ではなく、基本声調で発音し、さらに、/＋e/、/＋ng/ をそれぞれ /＋è/、/＋ńg/ と発音した場合も中国語話者には一定の「らしさ」や「心地よさ」は感知されよう。中国語話者は、調音時間がほぼ一定である音のまとまりのユニットが時系列で展開していく音の流れに、「心地よさ」を感じるのである。

この中国語の「らしさ」、「心地よさ」は"快书"、"快板"に由来するが、ここではこの指摘だけに止める。

第 2 節　声調の組合せ

　古来、中国の文人は推敲の最終段階で、首を左右に振りながら推敲を終えると言われてきた。

　それは文人の作成した文が口頭で読み上げられることを意識し、読み上げられた表現がそれを聞く人に調子よく、心地よく聞こえることを念頭に置いていたからである。

　これは漢詩の作法に見られた、平字、仄字の韻律に基づく排列である"平仄"のきまりに合わせるために、同一の意味を表す漢字の入替をチェックしていたのである。

　因みに、中古漢語においては、声調は、平声（píngsheng）、上声（shǎngsheng）、去声（qùsheng）、入声（rùsheng）に類分けされていた。

　このうち、平声を「平声（ひょうしょう）」、上声、去声、入声を併せて「仄声（そくしょう）」と称し、「平声」と「入声」とを対（つい）にして、字音の排列にきまりが定められていた。

　これが「平仄（ひょうそく）」である。

　中古漢語と現代漢語の声調の対応関係はつぎのようである。

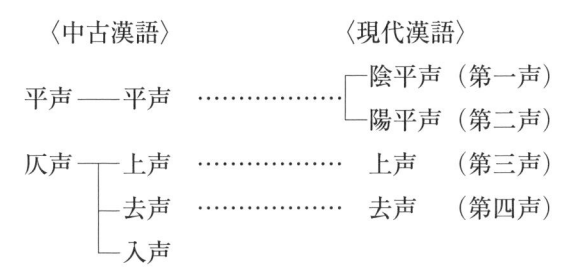

```
    〈中古漢語〉              〈現代漢語〉
    平声 ── 平声 ……………┌陰平声（第一声）
                        └陽平声（第二声）
    仄声 ┬ 上声 …………… 上声　（第三声）
         ├ 去声 …………… 去声　（第四声）
         └ 入声
```

　　注）中古漢語の入声は調類の 1 つではなく、韻尾に -p、-t、-k のある音節であることが、後世になって判明。

　この平仄のきまりは、現代の中国語に脈々と生き続けていると見て先ず差支えない。

　現代中国語の四字成語或いは四字句は、声調の組合せの上で「平仄平仄」

或いは「平平仄仄」の構成であるものが圧倒的に多いことがその根拠である。

　この平声韻と仄声韻の排列のきまりは、中国語が声調言語であり、声調言語で"順耳""順口"であるのは、所謂波を描く高低の変化の連続であると認識されていたことが前提となっている。

　因みに、日本語話者の中国語学習者の中で相当水準の高い中国語力を有する人から、「アナウンサーのニュースを聞いているとかなり声調の間違いがありますがどうしてですか」と聞かれることがある。

　筆者はこのような類の質問には決ってつぎのように答えることにしている。「いい耳をしていますね。その通りです。それは高から低、低から高という波を描くような高低変化に乗せてニュースを読み上げるのが一番エネルギーを消耗しないし、聞く人にきれいに聞こえるので、その波に乗せるために微妙に調形が変化しているのです」と。

　ニュースのようないわば堅い口頭表現であってもこのような現象が見られるのであるから、日常の言語生活における口頭表現には、さらに多くこのような現象の見られることは言うまでもないことである。

二音節による発音練習

　中国語のメロディーの基本的なユニットが二音節であることは本章のはじめに述べた。この二音節の組合せは、現実の発話において、高低変化の波の上昇部分を担う場合もあれば、下降部分を担う場合もある。また、上昇部分の頂点に近い部分と頂点及び下降の始まりの部分を担うものもあるなどさまざまである。

　この点において、中国語の初学者の音声教育においては、4つの声調を単独で発音する練習よりも二音節の組合せの練習に時間をかけたり、力を注ぐことの方がはるかに重要である。

　単音節語や単母音で声調をマスターする練習は必要ないと言っているのではない。その場合に学習者が効率よく声調を習得するための発音の要領やコツについてはすでに第1章で述べた。しかし、一般的に言って、中国語の発音教育の現場では、この単音節による声調の練習に必要以上に時間

がかけられているし、力が注がれているきらいがある。

　二音節の声調の組合せは25通りあり、それを /ai ai/ による二音節の25通りの組合せを提示したのが〈表5〉である。これらを練習する場合に大切なことは、先行音節から後続音節へ声調が移行するその移行の仕方において調形の上でギクシャクせずスムースに滑らかに移行させることである。現実の発話行為に見られる声調の移行は極めてスムースなものであり、初期の発音教育の段階からこのスムースな移行を習得しておくことによって、それ以降、中国語力が向上していくことに伴って、ますます中国語らしい中国語で発話ができるようになるのである。

　声調のつながりと流れを習得するための二音節に、抽象的な音節 /ai ai/ を選んだのには理由がある。

　前述のように、中国語は二音節がメロディーの基本的なユニットである。中国語のメロディーは、中国語の音声面の要素である高さ、長さ、強さなどすべての要素の総合体であるが、これらの中でも主要な要素は、高さにかかわる声調の組合せと、長さにかかわる二音節の調音時間の等時性である。

　この二音節の調音時間の等時性は、本章の第1節で挙げた"春天暖和，夏天热，秋天凉快，冬天冷。"の例で解説した通りである。

　この調音時間の等時性を学習者の耳にたたき込むためには、学習者の耳がそれと認識し易く、受け入れ易く、定着し易いものでなければならない。

　例えば、先行音節が /xiàng/ で、後続音節が /qí/ であると、学習者は音節の等時性を理解していたとしても、視覚的にも聴覚的にも /xiàng/ の調

〈表5〉声調のつながりと流れのモデル

先行音節＼後続音節	第一声	第二声	第三声	第四声	軽声
第一声	āi āi	āi ái	āi ǎi	āi ài	āi ai
第二声	ái āi	ái ái	ái ǎi	ái ài	ái ai
第三声	ǎi āi	ǎi ái	ǎi ǎi	ǎi ài	ǎi ai
第四声	ài āi	ài ái	ài ǎi	ài ài	ài ai

音時間と /qí/ の調音時間が同一であると捉えることは難しい。

さらに、第1章第1節でみてきたように、日本漢字音は基本的に2拍に納められており、日本語話者にも一漢字2拍の捉え方が定着しており、この認識を有効に活用すべきである。

学習者は /xiàng/ は2拍、/qí/ は1拍と捉える。従って、学習者が2拍と捉え易く、しかも容易に発音できる日本語の「ア」と「イ」に近い組合せである /ai/ を取り上げているのである。

この /ai/ で、学習者に声調のつながりとスムースな流れを実感させたあと、101ページで示すような語例でそれを固めていくことになる。

その際、大切なことは、学習者はまだ初歩の段階にあり、"汉语拼音字母"もまだ正確に発音できないこと、従って、二音節語の正確な発音を求めることは無理であることを教育する立場にある側が充分に承知しておくことである。さもないと、/aiai/ の組合せは確実にマスターできていたとしても、具体的な語例の発音になると学習者はその音節の発音に意識が集中し、折角固まっている声調の流れが崩れてしまうことが往々にして起るからである。

そこで、具体的な語例で練習するときには、例えば、/aiai/ を一、二度発音し、その流れで、"出発"を発音させる。"出発"を発音して /aiai/ を発音する。これを何度か繰り返すのであるが、学習者が初学者であることを考慮して、語例の発音は大まかでよしとしなければならない。

入門を終えた段階で再度この二音節の流れに立ち返り、入門段階で既習の語例を取り上げて、この流れを固めるのも一つの方法である。

なお、第三声＋第三声であるが、先行音節が上昇調に或いは第二声に変調することは理解しており、また、第二声＋第三声は上手く発音できても、この声調の組合せになるとなかなか上手く発音できない学習者が多い。とりわけ、後続音節の第三声のぶれ易い傾向が見られるのである。その場合は、先行音節の上昇調を通常の第二声よりももっと極端に、急激に上昇させるように指導すると、後続音節の第三声がぶれなくなる。

語例
1. 第一声との組合せの語例
chūfā　　　（出発），fēijī　　　（飞机），jiāotōng　（交通），xiāoxi　　（消息）
zhuānmén　（专门），huānyíng　（欢迎），jīngyíng　（经营），gūniang　（姑娘）
kāishǐ　　　（开始），Yīngyǔ　　（英语），fēnshǒu　（分手），jiāli　　　（家里）
gāoxìng　　（高兴），shēngdiào（声调），jīdàn　　（鸡蛋），zhīdao　　（知道）

2. 第二声との組合せの語例
guójiā　　（国家），shíjiān　　（时间），chénggōng（成功），rénjia　　（人家）
yuánlín　（园林），lúnliú　　（轮流），rénmín　　（人民），pútao　　（葡萄）
niúnǎi　　（牛奶），pí'ǎo　　　（皮袄），fánnǎo　　（烦恼），
xuéxiào　（学校），wénhuà　　（文化），qúnzhòng　（群众），liángkuai（凉快）

3. 第三声との組合せの語例
Běijīng　（北京），guǎngbō　（广播），lǎoshī　　（老师），yǎnjing　（眼睛）
gǎigé　　（改革），jǔxíng　　（举行），lǚxíng　　（旅行），
Fǎyǔ　　（法语），zhǎnlǎn　（展览），biǎoyǎn　（表演），jiějie　　（姐姐）
měilì　　（美丽），mǎlù　　　（马路），qiǎomiào（巧妙），mǎimai　（买卖）

4. 第四声との組合せの語例
lùyīn　　（录音），qìwēn　　（气温），dìngyuē　（订约），yìsi　　　（意思）
shànliáng（善良），lùnwén　（论文），zànchéng（赞成），tàiyang　（太阳）
bàozhǐ　（报纸），tiàowǔ　（跳舞），lìshǐ　　（历史），
zhùyì　　（注意），huìyì　　（会议），yìyì　　　（意义），yuèliang（月亮）

同一声調の連続

　第三声の音節が連続し、その２つの音節の間にポーズが置かれない場合、通常、先行音節は上昇調に変調するが、その主たる要因は、多大なエネルギーを必要とする低平調を連続して発声することは、発声生理学的にかなりの無理が生ずるからである。

但し、この主たる要因の他にも、第4章第5節で詳説する「調声調の原理」が作用している。

従って、第一、二、四声の音節が連続する場合にも、この原理が作用し、これら同一声調の二音節がセットとなって波の山を形成したり、波の上昇部分や下降部分を形成する傾向が強く見られる。

例えば、上記の語例を取り上げて見ていくと、
第一声の連続である"出发"、"飞机"、"交通"は、

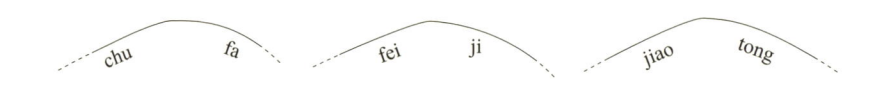

```
  ╭──╮        ╭──╮        ╭──╮
chu   fa    fei   ji    jiao  tong
```

の実線部分を、
第二声の連続である"园林"、"轮流"、"人民"は、

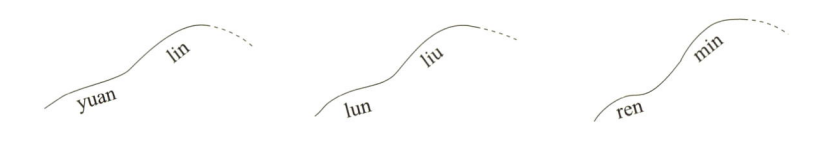

```
      lin         liu         min
  yuan        lun         ren
```

の実線部分を、
第四声の連続である"注意"、"会议"、"意义"は、

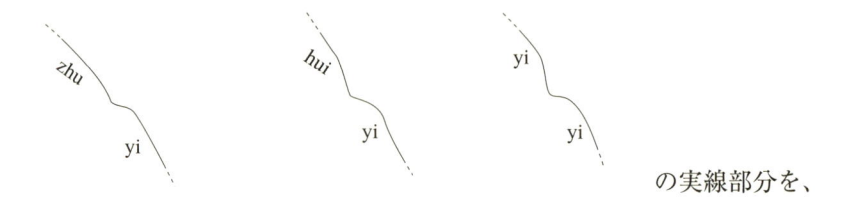

```
zhu         hui         yi
    yi          yi          yi
```

の実線部分を、
それぞれ形成する。

この点について、趙元任は、第四声の連続する場合だけを取り上げて、「"再见"は51+51ではなく、53+41（声域五段階法）である」と指摘し

ている。

　さらに、このことは、同一声調ではない他の二音節語にも見られる。

　例えば、「第一声＋第四声」の"高兴"、"声调"、"鸡蛋"の先行音節は、後続音節が下降調の第四声であるために、高平調ではなく、明らかに緩やかな上昇調に変化し、つぎの〈図25〉のように二音節全体として、多少歪(いびつ)ではあるが、波の山を形成している。

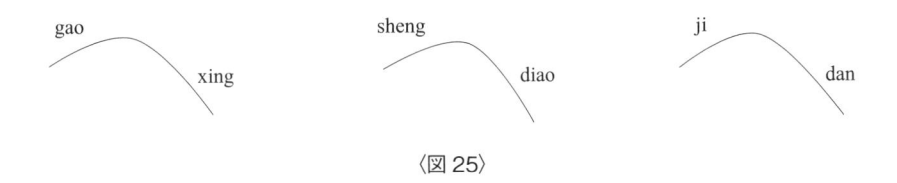

```
   gao              sheng              ji
      ╲                 ╲                 ╲
       xing              diao              dan
```

〈図25〉

第3節　ストレスアクセント

　ここでは、二音節語、三音節語、四音節語のストレスアクセントについて見ていく。

　発話レベルのストレスアクセントについては第4章で詳説する。

　なお、説明の便宜上、音節に懸るストレスアクセントを、強、中、弱の3段階に設定する。

1. 二音節語

　後続音節が軽声である二音節語の場合は、前章第8節で記述したように、軽声は音高ではなく音強にかかわる音声現象であるので、ストレスアクセントの上では、先行音節が強、後続音節が弱という普遍的なパターンが存在する。

　他方、後続音節が軽声ではない二音節語においては、発話の展開や発話の焦点或いは新情報か旧情報かによって、同一の二音節語ではあっても、二音節間における相対的な強弱には、さまざまな様相が見られ、普遍的な強弱のパターンを抽出することはできない。

　音声に限らず、言語の研究においてその研究の成果は、その現象の究明

の上で先人の研究を越えているとか、そのことを究明したことによって、他の言語現象の究明に貢献するとか、貢献するほどではないが何らかの手がかりとなるヒントが含まれているといったものでなければならない。或いはまた、その言語教育において有益であったり学習者の理解がより深まるなどと言った、いわゆる実用的な価値を有するものであったりするものでなければならない。

　本書は中国語を教育する立場にある人を対象として編まれたものであるので、中国語教育に携わる者であれば当然知っておかなければならない中国語の音声の諸問題、諸現象について論じている。

　この点において、二音節語のストレスアクセントは、本書で取り上げるべきか取り上げる必要はないかのボーダーにある現象である。

　とは言え、前述のように、"普通話"が北京語を音声面のベースとし、その調類が僅かに4類であるということは、中国語が tone language（声調言語）であるとはいえども、ストレスアクセントが音韻的に有意味に機能していると見るのが妥当である。

　従来、語レベルにおける中国語のストレスアクセントに関する研究は極めて少ない。1960年代初頭に、松本昭に2点、平山久雄に2点の論文がが見られるだけである。

　これらの研究はいずれも複音節語の word formation（語構成）によって、先行音節と後続音節との間に見られる相対的な強弱に一定の傾向性のあることを提示したものである。

　語構成が偏正構造（例えば、"好书"、"特快"など）である場合は中心語は後続音節であり、その場合には相対的に中心語により強いアクセントが置かれると見るのは理にかなってはいる。

　しかし、中心語の部分は対話者間で既知で共通理解となっており、限定部分が話題となっている場合には当然のことながら、中心語ではない限定部分により強いアクセントが置かれる現象はあらゆる言語に共通して見られることである。

　個別の言語表現には、話し言葉で言えば、必ず場面や情況が設定されている。逆に言えば、場面や情況の設定されていない発声、音声の表出は、

たとえそれが文法的に完全な表現であっても、言語、言葉、言語表現とは認定されない。

　従って、語レベルにおけるストレスアクセントは現実の言語生活における発話行為を離れて抽象的に論ずることはできない。

　場面や情況の設定されている自然発話は情報交換がその主たる機能であり、発話者の側の情報発信である発話行為には、発話者の側の表現意図を含めたさまざまな心情や判断が表出されており、その心情や判断によって二音節語に見られる相対的な強弱は変化する。

　このように見てくると、中国語におけるストレスアクセントは、超音節レベルで語構成を根拠としてパターン化することはできないということになる。

2. 三音節語

　三音節語のストレスアクセントは、場面や情況が設定された自然発話でなくとも、それを法則的に捉えることができる。

　三音節語は例外なく第二音節に「弱化」の現象が見られる。

　この現象は一般の三音節語だけではなく、固有名詞にも見られる。

　例えば、先生が教室などで出席をとるとき、姓が一漢字で名が二漢字の名前の学生に対しては、姓と名の二番目をことさら強く表出するような呼び方をすることからも、その現象を見てとることができる。

　この現象は第4章のストレスアクセントの規則と深くかかわることであるので、そこで詳説する。

　また、三音節語について、趙元任は、"科学家 kēxuéjiā" の語例を挙げ、「前後が第一声である第二音節の第二声は第一声に変調する」と指摘している。

　趙元任は、中国語にストレスアクセントが有意味に機能しているとは認識していないために、この指摘のように、弱化ではなく、声調変化と捉えているのである。

　因みに、軽声に代表される弱化音節を、敢えて調形の変化として捉えるならば、聞く耳には、通常それは限りなく第一声に近いと認識される。

この語例は、第二音節である"学"が弱化し、その結果その duration（調音期間）も短くなることによって、本来の上昇調の調形も本来の形状が充分に顕現することなく後続音節の調音に移っていく音声実態を如実に反映している。

　趙元任は、前述のように、「三音節語が『第一声＋第二声＋第一声』の構成である場合に限って、第二音節である第二声が、第一声に変化する」としているが、三音節語は第一音節、第二音節、第三音節の声調の如何を問わず、すべての場合において、第二音節が弱化し、限りなく軽声音節に近くなるのが現実の発話行為に見られる音声実態である。

　三音節語に見られる第二音節の音声変化は、声調の変化ではなく、ストレスアクセントにかかわる変化なのである。

　学習者にはつぎのような語例を示して練習するのが効果的であろう。

　　　中秋节 zhōngqiujié　　　中国茶 Zhōngguochá
　　　参考书 cānkaoshū　　　经济学 jīngjixué

　　　图书馆 túshuguǎn　　　颐和园 Yíheyuán
　　　原产地 yuánchandì　　　原动力 yuándonglì

　　　体温计 tǐwenjì　　　旅行箱 lǔxingxiāng
　　　展览会 zhǎnlanhuì　　　体育馆 tǐyuguǎn

　　　日餐店 Rìcandiàn　　　教学楼 jiàoxuelóu
　　　地铁站 dìtiezhàn　　　照相机 zhàoxiangjī

3. 四音節語

　四音節語のストレスアクセントも場面や情況を離れて、語レベルでそれを論ずることができる。

　それは、四音節語の第二音節が、4つの音節の中で際立って弱化した音節であるということである。

陸志韋は四音節に見られるストレスアクセントを「中＋弱＋中＋強」としている。第四音節に第一、第三音節よりもより強いアクセントがかぶさるとすることについては、異論がある。

冒頭で四音節語も場面や情況の設定された自然発話でなくともストレスアクセントの型を見てとることができるとしたが、厳密に言えば、決してそうではない。

発話レベルにおいては、発話者の表現意図や判断によって陸志韋の指摘しているように第四音節に最も強いアクセントの置かれる場合もあれば、第一、第三音節を強とするならば、第二音節は弱、第四音節は中となることもある。

しかし、いずれの場合であっても第二音節が４つの音節の中で際立って弱化した音節であることに変わりはない。

このことは、つぎのような語の歴史がその証左となる。

例えば"烏黒黒"は、"烏黒"の重複形式である"烏烏黒黒"の第二音節が弱化し、"烏里黒黒"或いは"烏儿黒黒"の形で使用されていた時期があり、その第二音節の消滅した形が現在の"烏黒黒"である。

"糊里糊涂"は、第二音節を消滅させると摩擦音を伴う音節を連続して発音することとなり、調音上多大なエネルギーを消耗するので、この形式に変化したままで止まっているのである。

また、中国共産党の機関紙である"人民日報"も話題として最初に持ち出す時は"人民日報"であるが、一旦それを話題として対話が展開されると"人儿日報"となることが多いのも、第二音節が弱化した結果である。

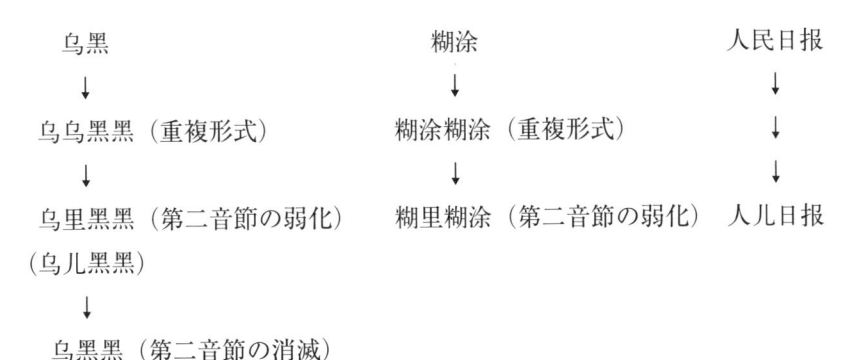

烏黒	糊涂	人民日報
↓	↓	↓
烏烏黒黒（重複形式）	糊涂糊涂（重複形式）	↓
↓	↓	↓
烏里黒黒（第二音節の弱化） (烏儿黒黒)	糊里糊涂（第二音節の弱化）	人儿日報
↓		
烏黒黒（第二音節の消滅）		

なお、学習者にはつぎのような語例を示して練習するのが効果的であろう。

　　　独生子女 dúshēngzǐnǚ　　　麻婆豆腐 mápodòufu
　　　电子游戏 diànziyóuxì　　　卡布奇诺 kǎbuqínuò
　　　马马虎虎 mǎmahǔhu　　　清清楚楚 qīngqingchūchu

ここで取り上げた"麻婆豆腐"の第二音節である"婆 po"は、第2章第9節で記述したように、音節が弱化することにより、有気音が無気音化する（p [pʻ] → b [p̥]）のが一般的ではあるが、現実の発話行為においては、さらにこの無気音 b [p̥] が弱化して有声音 [b] にまで変化している。

第4章　発話レベル

　本章では中国語のメロディーを構成する主要な要素である発話レベルの「ストレスアクセント（強弱アクセント）」、「ポーズ」、「調声調の原理」等について見ていく。

第1節　発話に見られるストレスアクセントの規則

　自然対話は、情報交換がその主たる機能であり、発話者の側の情報発信である発話行為には発話者の側の表現意図を含めたさまざまな心情や判断が表出される。

　中国語の発話レベルのストレスアクセントは、まさにこの発話者の表現意図を含めたさまざまな心情や判断の結果表出された音声実態の一つの様相であり、同一の語彙や表現形式であっても、個別の言語表現においてその様相はさまざまであり、同一であることはない。

　ストレスアクセントを主とする印欧諸語においては、ストレスアクセントは規則的にパターン化して抽出することができるが、ピッチアクセント（高低アクセント）を主とする中国語のような tone language（声調言語）においては、ストレスアクセントはあくまでも補完的副次的な成分であり、それをパターン化することは難しい。

　とは言え、本書で幾度となく言及しているように現代中国語の調類はわずかに4類であり、わずか4類であると言うことは、ストレスアクセントは少なくとも発話レベルにおいて音韻的に有意味な成分と見ることができる。同時に、中国語のメロディー構成の不可欠な要素と見なすことができる。

　従来、中国語のストレスアクセントについては専ら語レベル（複音節語）のそれが分析の対象とされてきたが、それは、中国語の音声研究者が、中国語特有の音声的な「らしさ」であるメロディーの存在することを発想し

なかったことによる。

ここでは、ストレスアクセントが中国語のメロディー構成の不可欠の要素であることを前提とし、発話レベルでその実態を見ていく。

ストレスアクセントのユニット

自然発話において情報伝達上、音声面で最も重要なことは、意味のまとまりが明確であることである。

この意味のまとまりの最小の単位は語であるが、本書では、前述のように、中国語のメロディーのユニットが二音節であると捉えているので、ストレスアクセントも二音節語を基本的な単位として見ていくこととする。但し、ストレスアクセントは、相対的な強弱であり、この二音節内の強弱だけではなく、この二音節が全体として、先行する音節群や後続する音節群と比較して、相対的に「強」となったり「弱」となったりする場合も、当然のことながら考察の対象とする。

二音節を超える音節群を単位とする場合は、音節群の調音時間の同一性を根拠とする。例えば、"这件怎么样？　价钱也不贵。"において、"这件"と"怎么样"及び"价钱也"と"不贵"の調音時間はほぼ同一である。従って、本書ではこれらはすべて意味のまとまりであり、ストレスアクセントのユニットと見なすこととする。

また、ストレスアクセントをメロディーの構成要素とすることにより、ストレスアクセントのユニットを語以上の意味のまとまりとするが、音節レベルは原則的にその単位とみなさないこととする。

ここで原則的としたのは、発話の中で取り立てられた語を構成している音節が free form（1語として独立して用いることのできる形式）である場合には、その音節がストレスアクセントのユニットを担うことがあるからである。

なお、筆者は、中国語は場面や情況が確定しないと個別の言語表現の表す意味が確定しない言語であると認識しており、中国語の言語現象の分析は、1つの discourse（談話）に現れる自然発話をその対象としなければならないとの立場を取っている。

従って、以下に挙げる表現例はいずれも、場面や情況が確定している談話に現れたものである。
　以下、談話に現れる具体的な表現を取り上げて見ていく。
　従来、語レベルのストレスアクセントについては、その強度の度合いによって、「強、中、弱」の３類とするもの、「強、次強、中、次弱、弱」の５類とするものも見られるが、本書では、「強、弱」の２類とする。それは本書が中国語の学習者を念頭におき、その学習者に中国語を教授する教育者を対象として編まれたものであることと、第２章の軽声音節で述べたことと同様であるが、一般的に言って、強と中と弱の区別は未だしも、次強と中と次弱を明確に言い分けたり、聞き分けたりすることはできないからである。
　加えて、本章では発話レベルにおけるストレスアクセントを分析の対象としており、このレベルにおけるストレスアクセントは、強弱の２類で充分であると判断されるからである。
　なお、記述の便宜上、以下、ストレスユニットの中で強さのアクセントのかかっているものをＳ、弱であるものをＷと表記する。
　但し、このＳ、Ｗはそれぞれのストレスユニット内で見られる相対的な強弱であり、一つの発話のストレスアクセントパターンとして示すＳやＷはストレス度が必ずしも一致するものではない。
　また、ここでは、音声分析機器による分析のデータを取り上げているが、前述のように、音声分析機器のデータを全面的に信頼することは危険であることを承知したうえで、あくまでも音声実態の目安として提示するものである。
　さらに、ここで取り上げた音声資料は、筆者の編纂したテキストの第17課の対話文であるが、収録時には筆者も立会い、自然発話に近く発話するように、吹込者に厳しく注文を付け、何度もＮＧを出し、やっとＯＫを出したものである。
　第一課の対話文から収録を開始し、ここで取り上げた第17課では吹込者の緊張もほぐれ、収録にも慣れ、場面や情況を踏まえて、課文の登場人物になりきれた状態で発話されている。

従って、ここで分析の対象とした音声資料は、中国語話者の日常生活で使用されている自然発話に近い音声実態であると判断される。

談話資料による分析
談話
場面、情況設定：
　日本人女子留学生Aが、帰国を目前にして"旗袍"を買うために店を訪れ、同行した中国人の友人Bと交わした対話
A—1：你看，这件旗袍怎么样？
B—1：挺好的。
　　　颜色和式样都不错。
A—2：你看我穿上合不合身？
B—2：稍微短了一点儿。
　　　旗袍长点儿好看。
A—3：这件怎么样？　价钱也不贵。
B—3：这件你穿正好。
　　　像个中国小姐。
A—4：谢谢。
　　　这件我很满意，就要这件吧。

　以下、分析データを提示しながら見ていくこととする。

A—1

先ず、A—1の発話を見ていく。

```
  你   看   这   件   旗   袍   怎   么   样？
```

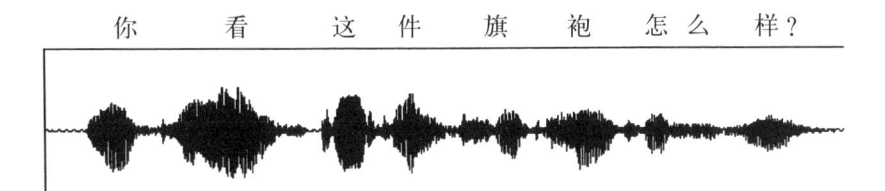

〈図26〉

　A—1の発話においては、"你看"、"这件旗袍"、"怎么样"が、それぞれストレスアクセントのユニットとなっている。ここで、"这件旗袍"を1つのユニットとしたのは、"这件"、"旗袍"をそれぞれ1つのユニットとすると、"你看"、"怎么样"と調音時間の上で差がありすぎるからであり、"这件旗袍"を1つのユニットとする方が、その差がより少ないからである。

　"你看"は友人Bに対して注意を喚起した呼びかけであり、1つの完結した話文であるとの意識が働き、ストレスアクセントのパターンにも1つの区切りが見られる。

　さらに、この呼びかけは友人Bに対するものであり、"你"が友人Bであることは自明のことでもあるので、ストレスアクセントは"你"が弱であり、"看"が強となっている。

　ここには、W＋Sのパターンを見てとることができる。

　"这件旗袍"の"旗袍"はこの場面においては、必ずしも不可欠な成分ではない。むしろ、Aが"旗袍"を手に取って、Bに呼びかけているとすれば全く不要な成分である。

　この場面において、この表現は、"你看，这件怎么样？"で過不足のない完結発話であるからである。

　このことはストレスアクセントの上にも反映されていることを見てとることができる。

この理由によって、"这件"に強さのアクセントがかかり、"旗袍"は相対的に弱いのである。
　つぎに"怎么样"は"看"や"这件"より強度は低いものの相対的に"样"に強さのアクセントがかかり、"怎么"は弱い。
　通常、この表現の展開から言えば、ストレスアクセントは"怎么"がS、"样"がWとなるのであるが、この場合はそれが逆になっている。それは、発話者が聞き手に対して、「あなたはどう思う？」に表現の力点を置いているために、そのことを聞き手に強く印象づけようとして、最後の"样"を"怎么"よりも強く発音しているからである。
　いまひとつ、この表現の冒頭に見られる"你看"の場合と同様に、"怎么样？"は発話者には1つの完結した話文であるとの認識が作用している。ストレスアクセントの上でも1つの区切りとしてのパターンを見てとることができるのはそのためである。
　以上から、A—1の発話には、「W＋S、S＋W，W＋S。」というストレスアクセントのパターンを見てとることができる。

　　　你 看，这 件 旗 袍 怎 么 样？
　　　W S 、 S 　 W (,) W 　 S

B—1

つぎに、B—1の発話を見ていく。

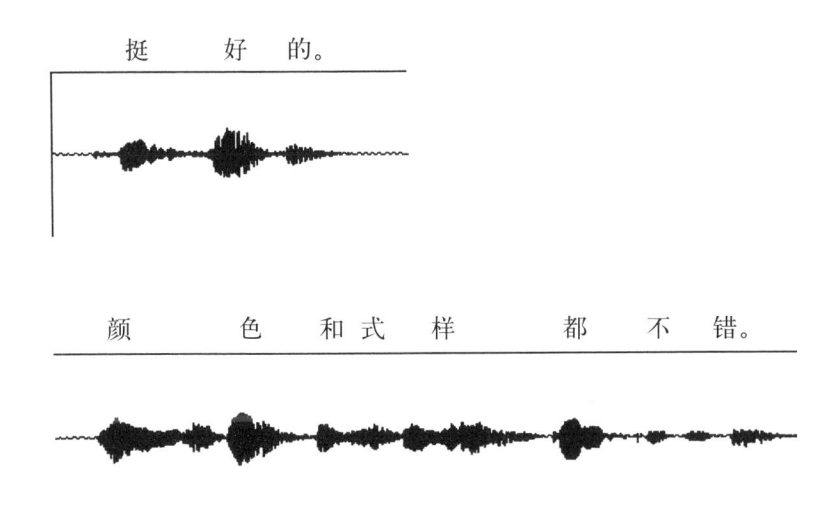

挺　好　的。

顔　色　和　式　様　都　不　錯。

〈図27〉

　B—1の発話においては、"挺好的"、"顔色"、"和式様"、"都不錯"をユニットと捉えることができる。

　"顔色"、"和式様"、"都不錯"を1つのユニットとしたのは、それぞれ調音時間がほぼ等しいからである。

　"挺好的"は"好"に強さのアクセントがかかり、"挺"、"的"は相対的に弱い。また、"顔色"、"和式様"、"都不錯"はそれぞれ、"色"、"様"、"都"に強さのアクセントがかかり、"顔"、"和式"、"不錯"は相対的に弱い。

　"不錯"は表現上重きをなす語ではあるが、そこに強さのアクセントがかかっておらず、ほとんど聞き取れないほど弱く発音されているのには2つの理由がある。

　ひとつは、reclination現象（発話の収束を聞き手に知らせるために、発話の末尾に見られる下降のイントネーション）であり、いまひとつは、この発話の冒頭に"挺好的"があるために、"顔色和式様都"とくると、そのあとに続く表現は"好"に類する意味を表す語であることは、容易に察しのつくことであり、この"不錯"は発話者の側にも、"挺好的"と重複

するとの認識があることによって、ぞんざい且つ不鮮明に、そして弱く発音されることとなるのである。

また、"都不錯"の直前に、わずかながらポーズを見てとることができる。この発話の流れから見ても、ここに少しポーズが入るのは極く自然なことである。

このことが、ストレスアクセントの展開に1つの区切りを付けている。

以上から、B―1の発話には、「W＋S＋W。W＋S＋W＋S ( ) S＋W。」というストレスアクセントのパターンを見てとることができる。

挺 好 的。 顔 色 和 式 样 都 不 錯。
W S W　　W S　W　S ( ) S　　W

A―2

つぎに、A―2の発話を見ていく。

你　看　我　　穿　上　　合　不　合　　　身？

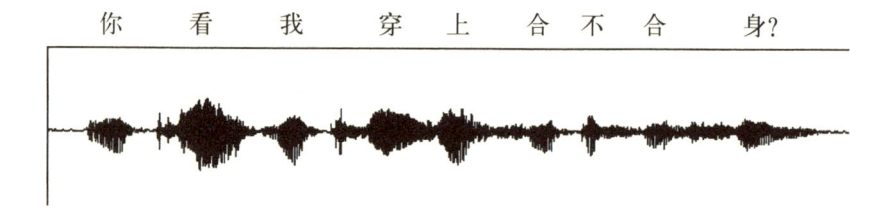

〈図28〉

A―2の発話では、"你看"、"我穿上"、"合不合身"をユニットと捉えることができる。

ここで、これらの3つの語群をそれぞれ1つのユニットとしたのは、それぞれが意味のまとまりを構成しており、調音時間の上でもさほど大きな差が見られないからである。

"你看"は、A―1の"你看"とは異なり、呼びかけの独立した完結表現ではなく、1つの発話の構成成分である。

この場合の"你看"も、"看"に強さのアクセントがかかり、"你"は弱

い。"我穿上"、"合不合身"はそれぞれ、"穿上"と"合身"に強さのアクセントがかかり、"我"、"合不"は相対的に弱い。

　A—2の発話には、以上から、「W＋S＋W＋S＋W＋S。」のパターンが見られるが、発話を収斂させる作用が働いて、同じSではあっても、"合身"と"看"、"穿上"との間には強度の上でかなりの差が存在する。

　　你　看　我　穿上　合不　合身？
　　W　S　W　S　　　W　　S

B—2

つぎにB—2の発話を見ていく。

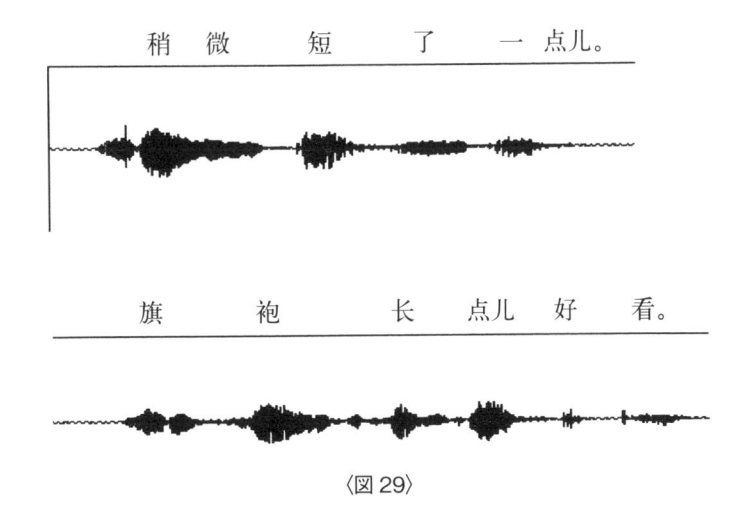

　　　　　稍微　短了　一点儿。

　　　　　旗袍　　长　点儿　好看。

〈図29〉

　B—2の発話では、"稍微"、"短了"、"一点儿"及び"旗袍"、"长点儿好看"をユニットとすることができる。
　ここで、"长点儿好看"を1つのユニットとしたのは、その直前の"旗袍"と調音時間がほぼ同じであることによる。"旗袍"の調音時間がかなり長いのは、この発話の流れから言って、「チャイナドレスというものはですね…」と特に取り立てられているからである。

これらのユニット内では、それぞれ、"稍"、"短"及び"袍"、"点儿"に強さアクセントがかかっている。

この発話においては"好看"は、"好看"全体が他のストレスユニットに比べて極端に弱い。

これには、発話の末尾に reclination 現象の強く作用していることが窺えることと、いまひとつ、この発話の展開から言って、"长点儿"の後に予想される表現は、"好"或いは"好看"に限られ、たとえ、この成分が欠落していたとしても、情報交換の上で支障の生ずることは先ずあり得ないことによって、"好看"が、ぞんざい且つ不鮮明に、そして弱く発音されたことが反映されている。

以上から、B—2の発話のストレスアクセントのパターンは「S＋W＋S＋W＋S＋W。S＋W。」とすることができよう。

<u>稍</u>微<u>短</u>了<u>一</u>点儿。<u>旗</u>袍<u>长</u>点儿 好 看。
　S　W　S　W　　S　　　　W　　　　S　　　　W

また、この発話の後件は、"长点儿"の"点儿"にかなり強さアクセントがかかっていることから、"长点儿"、"好看"をそれぞれユニットと捉え、"长点儿"をS、"好看"をWとすることもできる。

その場合は、"旗袍"も"旗"をW、"袍"をSとするのが妥当である。この発話のユニットをこのように捉えると、この発話のストレスアクセントのパターンは「S＋W＋S＋W＋S＋W。W＋S＋W＋S＋W。」とすることもできよう。

<u>稍</u>微<u>短</u>了<u>一</u>点儿。旗<u>袍</u>长<u>点</u>儿 好 看。
　S　W　S　W　　S　　　W　S　　S　　W

A—3

つぎにA—3の発話を見ていく。

这　件　怎　么　样？　价　钱　也　不　贵。

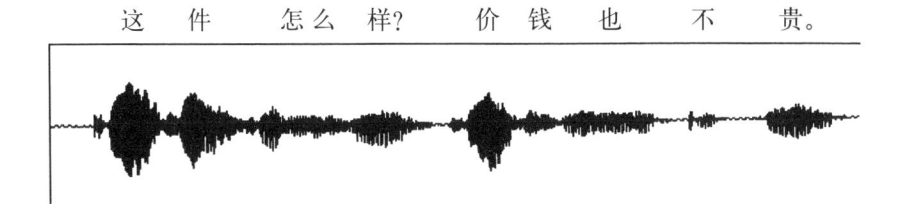

〈図30〉

　A—3の発話は、"这件"、"怎么样"及び"价钱也"、"不贵"をユニットと捉え、それぞれ、"这"、"样"及び"价"、"贵"に強さのアクセントがかかっていると見ることはできないことはない。しかし、"这"と"件"、"怎么"と"样"、"也"と"不贵"に強弱の差を見るとすれば、それが如何に相対的な差とは言え、余りにも基準が曖昧すぎることとなる。

　この場合、一見して明らかであるのは、这"と"件"と"价"が際立って強く、その他の音節にはほとんどその差を見て取ることができないことである。従って、この発話は、"这件怎么样"と"价钱也不贵"をユニットとして捉えることが妥当であることになる。

　そうすると、この発話は、"这件"がS、"怎么样"がW、"价钱也"がS、"不贵"がWということになる。

　以上から、A—3の発話のストレスアクセントのパターンは、「S＋W。S＋W。」とすることができよう。

<u>这 件</u> 怎 么 样？　<u>价 钱 也</u> 不 贵。
　S　　　　W　　　　　S　　　　W

B—3

つぎに、B—3の話を見ていく。

这　件　你穿正　好，

像　个　中国　小　姐。

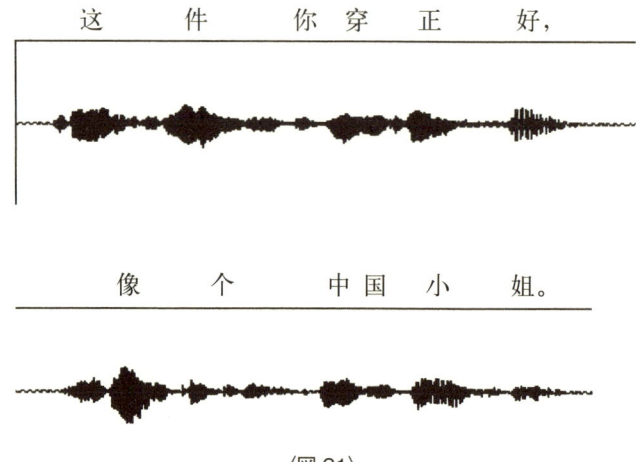

〈図31〉

　"这件"はこの発話の展開から見て、「さきほどのちょっと短かったチャイナドレスなんかとはちがって、このチャイナドレスは…」と取り立てているので、"这"にも"件"にも強いアクセントがかかっている。この"这"と"件"に強さアクセントの差を見出すのは難しく、"穿"、"正"、"好"との間には明らかな差が見られない。加えて、"这件"と"你穿正好"の調音時間はほぼ同じである。

　このことから、この表現のストレスアクセントのユニットは、"这件"、"你穿正好"であり、この表現のストレスアクセントは"这件"がS、"你穿正好"がWということになる。

　この発話の後半は、"像"、"中"、"小"に相対的に強さアクセントが観察され、"像个"、"中国"、"小姐"をユニットとして、そのいずれにもS＋Wのパターンを見て取ることができる。

　従って、この発話のストレスアクセントのパターンは、「S＋W，S＋W＋S＋W＋S＋W。」とすることができる。

这件 你穿正好，像个 中国 小 姐。
　S　　　 W　　　S W S W S W

また、この発話の後件である"像个中国小姐"には、"像"に明確な強さアクセントを見てとることができ、しかも、"像个"と"中国小姐"の調音時間がほぼ同じであることから、"像个"、"中国小姐"をそれぞれユニットとして捉え、"像个"をS、"中国小姐"をWとすることもできる。

このような捉え方をすると、この発話は「S＋W，S＋W」ということになる。

这件 你穿正好，像个 中国 小 姐。
　S　　　 W　　　S　　　W

A—4

つぎにA—4の発話を見ていく。

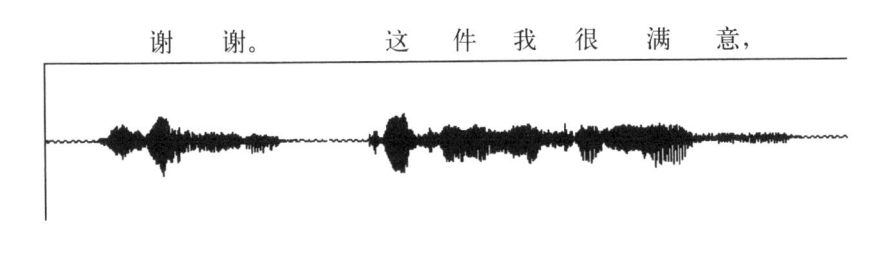

〈図32〉

A—4の発話は、"谢谢"、"这件"、"我很"、"满意"、"就要"、"这件吧"がユニットであり、それぞれ、"谢"、"这"、"我"、"满"に相対的な強さ

アクセントが観察されるが、"就要"の"就"と"要"及び"这件吧"の"这"と"件"と"吧"との間の強弱に、取り立てるほどの差は見られない。

通常、対話において、発話者の側が自分のことを語る場合、自分を取り立てる必要がない限り、"我"にストレスの置かれることはない。しかも、この発話の場合、"我"はなくてはならない成分ではなく、"谢谢。这件很满意。"で立派に成立する。

しかし、Aは自分が満足していることをBに明確に伝えたいがために、敢えて"我"を表出し、それを取り立てたことにより、"我"にストレスが置かれているのである。

"就要"は"就"、"要"のいずれにも相当強いアクセントがかかっている。"这"、"件"、"吧"には強弱の差がほとんど見られない。従って、この場合、"就要"をS、"这件吧"をWと見なすのが妥当であることとなる。

以上から、この発話のストレスアクセントのパターンは、「S＋W。S＋W＋S＋W＋S＋W，S＋W。」とすることができる。

谢 谢。这 件 我 很 满 意，就 要 这 件 吧。
S W　S W S W S W　　S　　　W

以上見てきたように、中国語には、語、句、時には節など、意味のまとまりの単位で、基本的に、規則的なストレスアクセントのパターンの存在していることがわかる。

そして、そのパターンには、「強＋弱＋強＋弱＋…」と「弱＋強＋弱＋強＋…」という「強」と「弱」が交互に現れる二つのタイプが存在しているということである。

また、分析データから、中国語にも、他の言語と同じように、発話の末尾にある語、句には、発話を収斂させるためのreclination現象をはっきりと見てとることができる。

第2節　文強勢

文強勢と表現の意味

　対話において、話し手の側が、対話の冒頭で話題を提示したり、情況や場面設定をしたり、或いは対話の展開の中で話題を転換したりする場合や、発話の一部に話し手の心情が強く被さることがある場合には、これらを担う語句には、通常よりもより強いストレスがかかり、調音時間も長くなる。

　本章第1節で提示した〈図26〉の"你看"、〈図30〉の"这件"は、それぞれ情況や場面設定と話題転換の機能を担っていることを、また、〈図32〉の"满意"には話し手の心情が強く被(かぶ)さっていることを、それぞれストレスアクセントと調音時間の上からはっきりと見てとることができる。

　このように文強勢は話題を提示したり、話題を転換したり、発話の情況や場面を設定したり、発話者の心情を表出したりする機能を有しているが、発話の焦点やキーワード或いは発話者の表現意図を明示する役割も担っていることは言うまでもない。

　さらに、中国語には同一の表現であっても文強勢の置かれる位置によって、文の意味の異なるものがある。

　以下にその表現例を示す。

1. 我想起来了。　　我想起来了。（起きたくなった）
　　　　　　　　　我想起来了。（思い出した）

2. 他想干点儿什么(?)
　　　　　　　　　他想干点儿什么？（彼は何をやろうとしているのか）
　　　　　　　　　他想干点儿什么。（彼は何かしらやりたがっている）

3. 你怎么去他家？　你怎么去他家？
　　　　　　　　　（あなたはどうやって彼の家に行ったのか）
　　　　　　　　　你怎么去他家？
　　　　　　　　　（あなたはどうしてまた彼の家なんかに行ったのか）

4. 你为什么打他?　你为什么打他?（あなたはどうして彼をなぐるのか）
　　　　　　　　你为什么打他?
　　　　　　　　（あなたはどうして彼をなぐったりなんかするのか）
　　　　　　　　你为什么打他?
　　　　　　　　（あなたはどうして（他の人ではなく）彼をなぐるのか）

第3節　ポーズ

ポーズの位置と表現の意味

　ポーズは、1つの発話における音声の停頓、間であって、言語のメロディーを構成する要素であるが、ポーズの基本的な機能は意味のまとまりを区切り、語句の断続を明らかにすることにある。
　この語句の断続は書面語においては、通常は句読点によって示されるが、句読点と句読点との内部にも、さらに小さな意味のまとまりを設定することができる。
　このより小さな意味のまとまりは一息で発音し、このまとまりとまとまりの繋ぎ目で少しの間を置くことは音声言語で情報を伝達する際、重要なことである。
　仮りに、個別の音節の発音が不正確であったとしても、この意味のまとまりごとにポーズを置けば、聞き手に対して情報を伝達することができる。換言すれば、個別の音節の発音が如何に正確であったとしても、ポーズの位置を誤ると聞き手に対して情報を正確に伝達することができない。
　このことを裏付ける中国語として、以下のような表現例が見られる。

1.　妈妈看见女儿笑了。　妈妈看见女儿‖笑了。（母は娘を見て笑った）
　　　　　　　　　　　妈妈看见‖女儿笑了。（母に見られて娘は笑った）
2.　儿子死了父亲真可怜。　儿子死了父亲‖真可怜。
　　　　　　　　　　　　（息子は父に死なれてとてもかわいそうだ）
　　　　　　　　　　　　儿子死了‖父亲真可怜。

(息子が亡くなり、父親はとてもかわいそうだ)
3. 下雨天留客。　下雨天∥留客。(雨が降ったらお客を泊める)
　　　　　　　　　下雨∥天留客。(神様が雨を降らせお客を泊らせてくれた)
4. 他写不好。　　他写∥不好。(彼は書くのが下手だ)
　　　　　　　　　他∥写不好。(彼は上手に書くことができない)

第4節　文イントネーション

　文イントネーションは、言語一般において、それが、発話者の心情という言語心理学的な側面と深くかかわった音声現象であることによって、それを究明することは容易ではない。
　とりわけ中国語のようなtone language（声調言語）においては、このほかに、少なくとも社会的に固定した高低の転変を有する音節の配列が存在し、その上に文イントネーションがかぶさるのであるから、その現象はより一層複雑である。

声調と文イントネーション
　従来、中国語の文イントネーションに関する研究は極めて少ない。趙元任に4点の論攷が見られるが、管見によれば、その後の研究で、これを凌駕した研究は見られない。
　趙元任は、「声調と文イントネーションの結合の仕方には2種類ある」とし、それは「『同時的結合』と、『継起的添加』である」とした。
　趙元任は、「同時的結合は、未完結休止の直前の音節に文イントネーションがかぶさり、特別な感情の伴わない一般的な陳述即ち論理的な音調が加えられた場合の合成音調であり、それには、上昇調及び完結休止の直前の音節に加えられる下降調の場合と、特定の音節群の全体または一部に加えられる音調に区分される。そして、これらの場合の音調は、声調と文イントネーションとの代数和である」と指摘している。
　いまひとつの継起的添加は、「特別な感情を伴う場合の文イントネーションで、完結休止直前の音節に、上昇調及び下降調が強く作用し、その

音節固有の声調が完了したのち、継起的に添加される」とした。

　趙元任が同時的結合としている文イントネーションの解説は一見科学的であるかのように見える。

　しかし、"字调"である音節固有の調値は、次節で見ていくように、音節連結によって大きくその調形が変化する。

　従って、この方法で"语调"である中国語の文イントネーションを抽出するとすれば、この音節連結によって生成される pitch contour（高低曲線）を確定し、現実の発話の pitch contour から、それを差し引けば、"语调"を視覚的にも数値の上でも明確に提示することができるはずである。

　しかし、仮に、音節連結の単位をメロディーのユニットである二音節とするとしても、1つの発話を構成している成分から二音節ずつ区切り取り、それをこの発話と全く同一の条件で発音することのできる音声資料提供者が存在しない限り、音節連結によって生成される pitch contour を説得力をもって提示することはできない。

　さらに、継起的添加について、趙元任は、"你去？"を取り上げ、"去"で"字调"通り下降し、この下降調が完結したのち上昇調が添加されると解説している。

　しかし、現実の発話に見られる音声実態は決してそうではない。

　"去"の調頭は中位の高さからやや下降ぎみであるが、調腹から調尾にかけては急激な上昇調である。

一般的な文イントネーションの様態

　前述のように、文イントネーションを究明することは容易ではないが、仮にそれが説得力をもって抽出されたとしても、中国語のメロディーを構成する主要な成分でもなく、それ自身が音声研究や音声教育に活用され得るものでもない。

　従って、ここでは、一般的な文イントネーションの様態を示すに止める。

1. 平叙表現―全体的に低めで、表現の末尾は下降調
　　　我是学生。

我不知道。
2. 疑問表現
　1)　"啊"及び"吗"疑問表現―表現の末尾は上昇調
　　　她是你母亲啊?
　　　你不知道吗?
　2)　"呢"疑問表現―表現の末尾は下降調気味になることが多い
　　　你呢?
　　　这个呢?
　　　"你呢?"の"呢"は、"你"が第三声であることによって、"你"よりも明らかに高くて強い。
　　　一方、"这个呢?"の"呢"は"这个"よりも明らかに低くて弱い。
　　　この場合、"呢"は疑問を表す語気助詞ではあるが、語気助詞特有の心情を表出する音声的特性は見られず、一般の軽声音節に見られる音声実態と変わらない。
　　　従って、文イントネーションは、reclination現象も作用し、どちらかと言えば、下降調気味になることが多いと言うことができよう。
　3)　疑問詞のある疑問表現―表現の末尾は下降調
　　　他到哪儿去了?
　　　花生多少钱一斤?
　4)　反復疑問表現―表現の末尾は平板調に近い下降調
　　　你高兴不高兴?
　　　他去不去?
　　　なお、テキストなどでは、例えば、この"你去不去?"は"Nǐ qù bú qù?"とするものがほとんどであるが、現実の発話にこのような実態は見られず、反復される"bu qu"の二音節はいずれも軽声であり、その音声実態に合致した"Nǐ qù bu qu?"と表記するのが妥当である。
　5)　選択疑問表現―前半高め、後半低めで、表現の末尾は下降調
　　　你去还是他去?
　　　我讲还是你讲?

3. 命令表現—全体的に高めで、表現の末尾は急下降調
  你出去！
  你们不许说话！
4. 勧め表現—全体的に低めで、表現の末尾は緩下降調
  请你别操心。
  你自己收拾自己的东西吧。
5. 励まし表現—前半が高く、後半が低い
  加油！加油！
6. 感嘆表現
  1) 喜び—全体的に高く、表現の末尾は下降調
    太好了！
    真好！
  2) 昂(たかぶ)り—全体的に高く、表現の末尾は長めでやや上昇調
    干杯！
    万岁！
  3) 憤り—全体的に高く、表現の末尾は急下降調
    真把我气死了！
  4) 悲しみ—全体的に低く、表現の末尾は長く尾を引くように下降
    这孩子太可怜了！

　また、つぎのような表現例は、イントネーションの理解に有効な好例である。

  ① →啊！ 车来了。
    ↗啊？ 什么？
    ↷啊?! 真的?!
    ↘啊，明白了。
  ② ↷好！ 真不简单！

好。就这样吧。

好？不怎么样。

A）开饭了！—B）欸，来了！

A）小王？　—B）噢，你来了！

A）他来了。—B）他来了？

第5節　調声調の原理

調声調の原理とは

　本章第1節で見てきたように、表現の末尾に発話者の心情が強く表明される発話でない限り、中国語においては、平叙表現に限らず、あらゆる表現は表現の末尾が下降して表現を収斂させようとする、所謂 reclination の現象を明瞭に見てとることができる。

　また、中国語のメロディーの単位である二音節は、その単位内或いはその単位の前後に位置する音節の調値によって、調値の流れがスムースに展開していくように調形を変化させる現象が見られる。

　この調値のスムースな展開とは、上昇するピッチと下降するピッチが交互に表れる波を描くような展開のことである。そして、この波を描くような上昇のピッチと下降のピッチが交互に表れる展開が話し手の側にとっては最も"順口"であり、聞き手の側にとっては最も"順耳"なのである。中国語の発話には音声面でこのような作用が働いている。

　このような現象は、例えば、テレビ、ラジオのアナウンサーのニュースなど一般には基本声調に忠実に発音されていると思われているステレオタイプの発話においても、それを明瞭に見てとることができる。

　耳の鋭い学習者から、「アナウンサーのニュースには声調の間違いがたくさんありますが、どうしてですか。」と尋ねられたりするのはそのためであり、このことについては既に述べた通りである。

自然発話に見られるこのような現象は、発話者によって意識的に生成されるものではなく、発声生理学的には極めて自然発生的な現象であり、言語の音声面におけるさまざまな変化と軌を一にする原理である。
　本書においては、このような現象を「"调声调（tiáo shēngdiào）"の原理」と称する。
　以下、具体的な発話の分析データを取り上げながら、それを見ていくこととする。

「調声調の原理」と発話の pitch contour（高低曲線）

　分析に用いたのは「音声録聞見 for Windows（ディテル社）」であり、音声資料、informant、データの位置づけ等は本章第1節のそれらと同様である。
　音声資料を同一としたのは、発話におけるストレスアクセントと「調声調の原理」の相関関係を視覚的に捉えることができ、極めて示唆的であるからである。

A—1

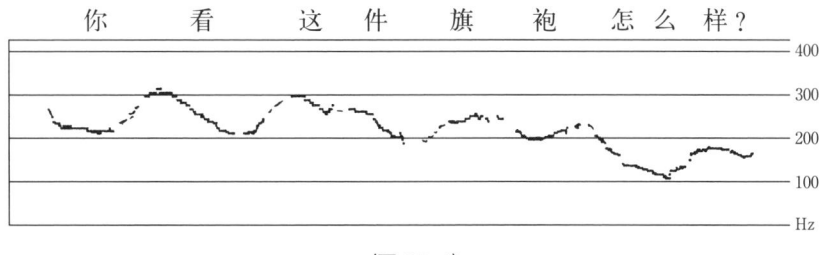

```
你　　看　　这　件　旗　袍　怎　么　样？
```

〈図33-1〉

　"你看"の各音節の調値の完成度が高いのは、対話の冒頭で聞き手に対して、「ほら、見て！」と注意を喚起し、取り立てているからである。
　一般に、対話の冒頭には話題を提示したり、情況や場面を設定したり或いは聞き手に注意を喚起したりする語や表現が現れるが、これらの語や表現は例外なく、調値の完成度は高く、調音時間も長く、また、ストレスも被さる。
　"怎么样"はこの発話におけるキーワードではあるが、その pitch contour から明らかであるように、同じ第四声でありながら、Hz 値の上で"样"と"看"には大きな差が見られる。
　ここには、reclination 現象の作用していることを見てとることができる。
　この pitch contour から、この発話は大略〈図33-2〉と捉えることができよう。

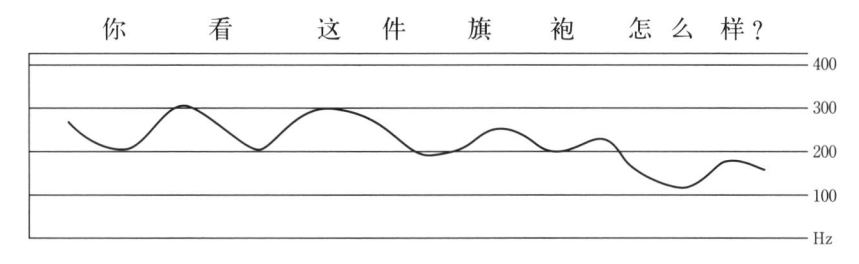

```
你　　看　　这　件　旗　袍　怎　么　样？
```

〈図33-2〉

B—1

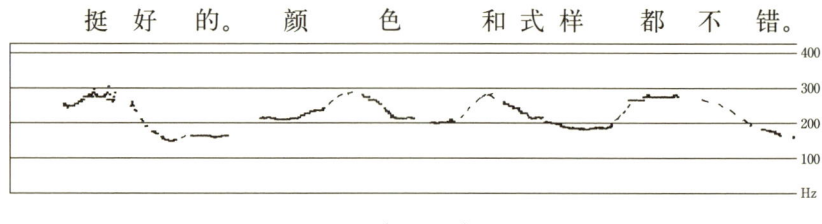

挺　好　的。　颜　色　　和式样　都　不　错。

〈図 34-1〉

　"挺好的"の"的"が第三声に後続する軽声音節としては極めて低いのは、この発話の展開において、この"的"は語気助詞であり、この発話においては必ずしもなくてはならない成分ではなく、発話者の心情がほとんど表出されていないからである。

　"错"の pitch contour がほとんど現れていないのは、"颜色和式样都"が、"挺好的"の具体的な説明であるために、それに後続する成分が"好"の類の語彙であることは自明のことであるので、"错"が弱化音節として発音されているからである。音節が弱化すると、弱化音節における音声変化のところで述べたように、摩擦性の強い有気音に後続する母音は無声音化し易いことによって、/uo/ がほとんど無声化しているのである。

　この pitch contour からも、"错"は極端に低く、発話を収斂させる reclination 現象の作用していることが見てとれる。

　この pitch contour から、この発話は大略〈図 34-2〉と捉えることができよう。

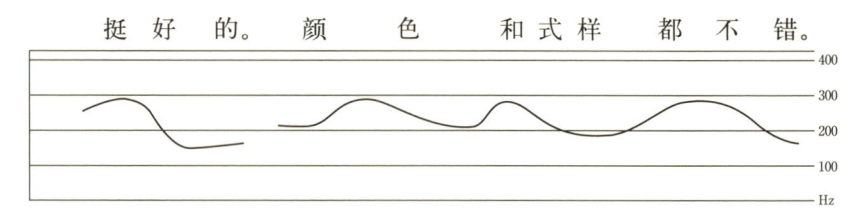

挺　好　的。　颜　色　　和　式样　都　不　错。

〈図 34-2〉

A—2

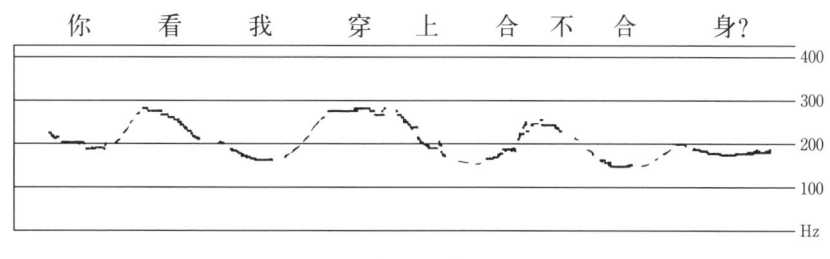

你　看　我　穿　上　合　不　合　身？

〈図 35-1〉

　"你看"が、〈図33-1〉の"你看"に比べて、調音時間が短いのは、〈図33-1〉の"你看"とは情報伝達上の機能が異なり、「〜かしら？」「どう？」「あなたはどう思う？」に相当する表現であるからである。

　"不合身"はいずれも弱化音節であり、調音時間の長さにそれが現れてはいるが、それぞれその調形の保たれていることが見てとれる。これは、"合不合身"はこの発話におけるキーフレーズであり、発話者にそのことの意識されていることが窺える。

　"身"は"穿"の同一調値でありながら、100Hzも低く発話されているのはやはりこの発話を収斂させる reclination 現象が作用した結果である。

　この発話の pitch contour からも規則的な周波を見てとることができ、大略〈図35-2〉と捉えることができよう。

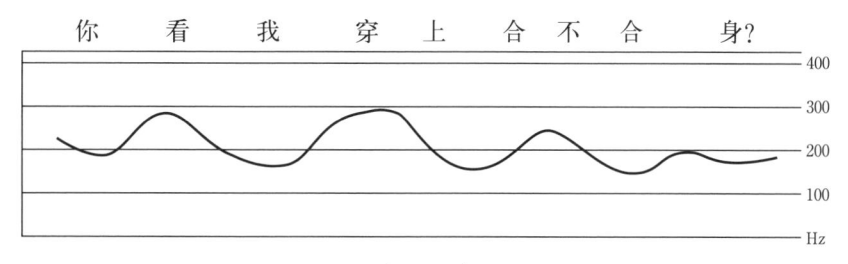

你　看　我　穿　上　合　不　合　身？

〈図 35-2〉

B—2

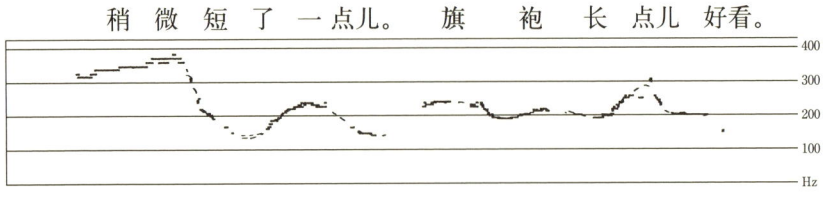

稍微 短 了 一点儿。 旗 袍 长 点儿 好看。

〈図36-1〉

　"稍微"が極端に高く、"短"で大きな落差が生じているのは、「ほんのすこしだけ短い」に発話の焦点があるためである。
　この pitch contour から、"了"が"短"から"一"へのスムースなわたりの調形を担っていることが明確に見てとれる。
　"旗袍"が調値を崩しているのは、この発話においてキーワードでもなく、むしろなくてはならない成分でもないことからぞんざいに発音された結果である。
　"好看"の pitch contour が現れていないのは、この語も発話の場面とこの発話の流れから言って、"好"の類の語であることは聞き手にとっても十二分に予測のつくことであることによって、極めてぞんざいに、端折って発音された結果である。
　この pitch contour から、この発話は大略〈図36-2〉と捉えることができよう。

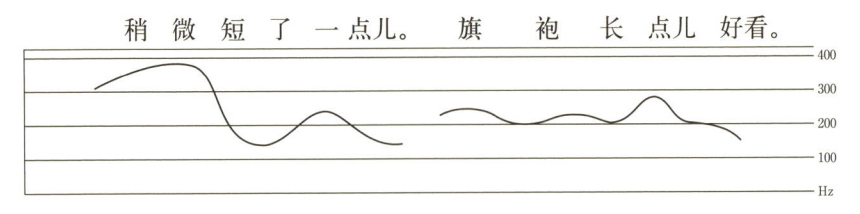

稍微 短 了 一点儿。 旗 袍 长 点儿 好看。

〈図36-2〉

A—3

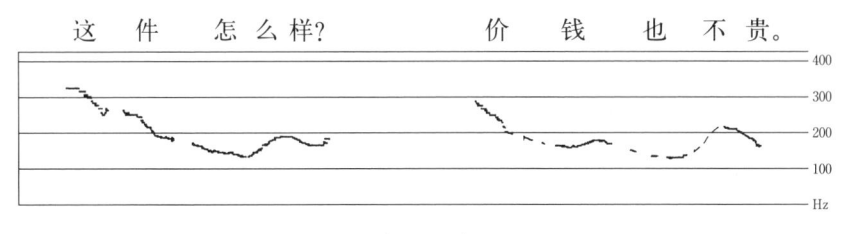

```
这　件　　怎　么　样?　　　　价　　钱　　也　　不　贵。
```

〈図 37-1〉

　"样"に第四声の調形が見られないのは、"这件怎"の大きな下降の pitch contour に引き続いて、"么样"で上昇の pitch contour を担おうとしているからである。

　"钱"は軽声音節である。一般に軽声音節に見られるように、後続音節とのわたりの調形を担っているのであるならば、"价钱也"の三音節で、"这件怎"に近い下降の pitch contour が現れるはずであるが、pitch contour 上で"钱"には明らかに上昇しようとする様相を見てとることができる。これは、"价"で下降し、"钱"で上昇し、"也"で下降する調声調の原理が働いているからである。

　このように、軽声音節ではあっても、調声調の原理によって、それが周波の一翼を担う必要のあるときはその役割にふさわしい pitch contour を見せるのである。

　"价"と"贵"が同一声調でありながら、両者の間に 100Hz もの差が見られるのは、"价钱"は、この場合、発話者が話題として取り立てているからであり、"贵"は発話の末尾であり、やはり、発話を収斂させる reclination 現象が作用しているからである。

　この pitch contour から、この発話は大略〈図 37-2〉と捉えることができよう。

这 件 怎 么 样?　　价 钱 也 不 贵。

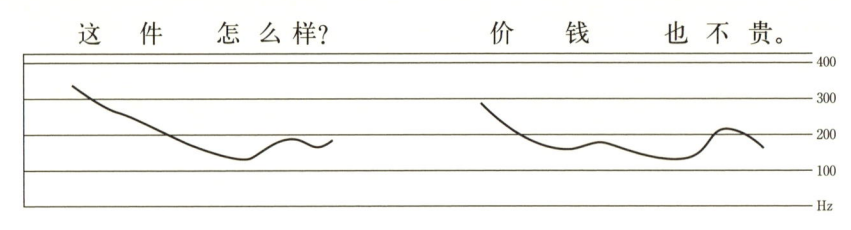

〈図 37-2〉

B—3

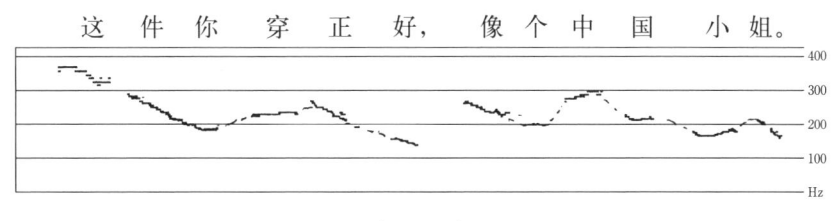

这　件　你　穿　正　好，　像　个　中　国　小　姐。

〈図 38-1〉

"穿"に見られる緩やかな上昇から、"穿"が"这件"の下降と"正"の下降の間にあって、上昇の役割を担おうとする「調声調の原理」の作用していることが窺える。

"国"が本来の調値を大きく崩しているのは、"中国小姐"でひとまとまりの意味を表していることにより、発話者には四字語と同等と認識され、第二音節が弱化した結果である。

この発話においても、前件と後件の2つの発話成分にreclination現象をはっきりと見てとることができる。

この pitch contour から、この発話は大略〈図 38-2〉と捉えることができよう。

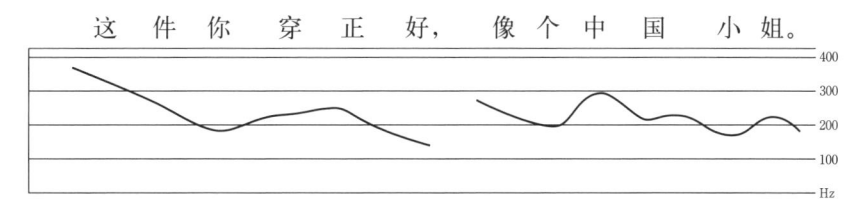

这　件　你　穿　正　好，　像　个　中　国　小　姐。

〈図 38-2〉

A—4

谢谢。　这件我很满意，

就要这件吧。

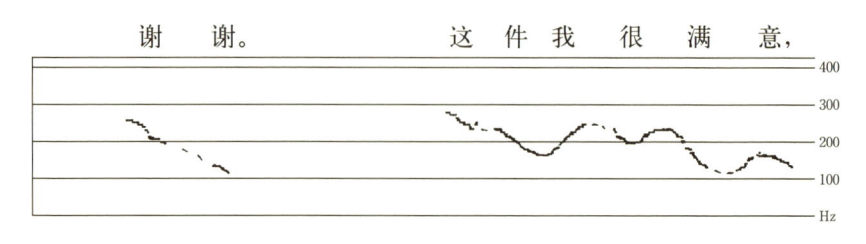

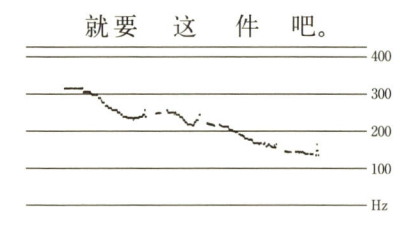

〈図 39-1〉

　一般に第三声が三音節連続する場合、先行する2つの音節はいずれも上昇調に変化するとしているが、この発話の"我很満"のpitch contour に見られるように、1つ目の音節と2つ目の音節は上昇調と言えどもその調形はかなり異なる。この pitch contour が第三声が三音節連続する場合の典型的な音声実態である。そして、この場合、この三音節で周波の1つの山を構成していると見てとれる。

　"意"には上昇から高平そして下降という、細かくは3つの pitch contour を見てとることができるが、それは、一般に第三声に後続する音節は発声生理学的には自然な現象として、その調頭には上昇の pitch contour が伴うことによる。

　また、"就要这件吧"は全体として下降の pitch contour であるが、4つの音節の第四声の起点がそれぞれ発話の順に低くなっていることは注目に値する。

　ここに reclination 現象が強く作用している実態を見てとることができる。

　この pitch contour から、この発話は大略〈図 39-2〉と捉えることがで

きよう。

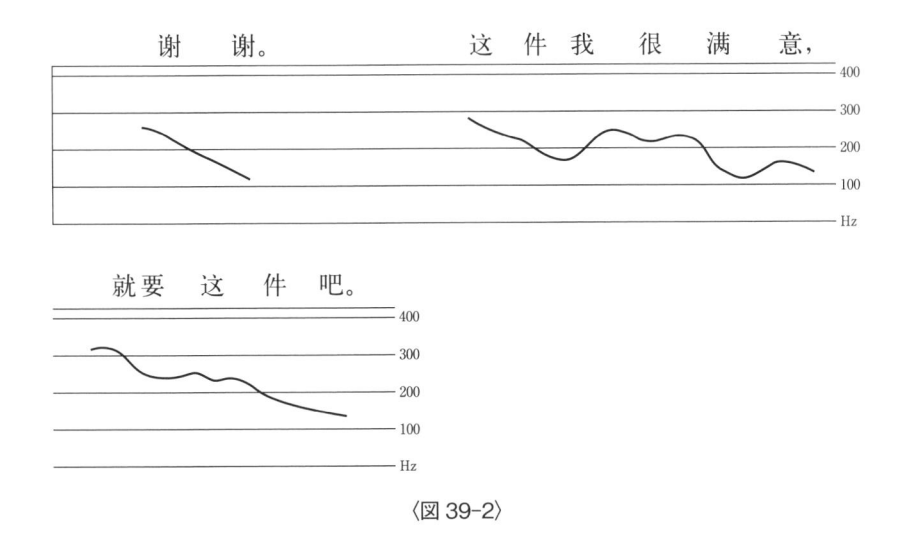

谢谢。　　　　　这件我很满意,

就要这件吧。

〈図 39-2〉

　以上見てきたことから、中国語の自然発話においては、その発話を構成している音節連続の pitch contour には高から低へ、低から高への連続的な周波を描こうとする「調声調の原理」の働いていることがわかる。

　以上、本書においては、中国語の音声現象を個別に取り上げ、個別に論ずるのではなく、人間の言語一般に見られる音声生成のメカニズムと中国語特有のメカニズム、言語一般に見られる音声変化の原理と中国語特有の原理について、音声学的な根拠を提示しながら、記述してきた。
　そして、これら中国語特有の音声生成のメカニズムや中国語特有の音声変化の原理には、中国語という言語の音声的特徴である音節の独立性と等時性がその基盤となっていることを随所に指摘してきた。
　さらに、中国語の「音声的らしさ」であり、中国語のメロディーの根幹を成している「調声調の原理」について、具体的なデータを提示して解説し、それがストレスアクセントとも強い相関関係にあることを提起した。
　これらの、記述、指摘、提起は、中国語を教える立場にある人が、中国語の音声を、構造的、体系的、法則的に理解することを企図しているから

である。
　音素レベル、音節レベル、超音節レベル、で取り上げた中国語の音声の諸相や諸現象については、できるだけその都度、音声教育に役立つと思われる解説をしたり、語例、表現例を取り上げたりして、音声教育の参考とした。

あとがき

　この十年ほど、民間の中国語教育の場で、「中国語教師養成講座」を担当し、中国語語学界の第一線で活躍している20人近い人たちがそれぞれ編纂した初級テキストを教材として使用してきた。
　筆者はそれまで、テキスト類にはあまり関心がなく、中国語の音声についてどのように記述されていたり、説明されたりしているかについては、ほとんど承知していなかった。
　しかし、講義のネタとしてではあるが、教材としているそれらのテキストに目を通してみてはじめて分かったことがある。それは、「初級テキストであるから、その程度のことをその程度に記述したり、説明している」ということではなく、記述や説明の端々から、テキストの編著者には、音声学の基礎的な知識が不足していること、中国語の音声について、正面から向き合って見つめようとする姿勢のほとんど見られないことが、はっきりと見てとれたことである。
　どこかで誰かが取り上げていることを、何の疑問も抱くことなく、そのまま借用しているのには驚かされる。
　中国語教育の経験を生かして、中国語の音声教育に有益だと思われる記述や説明でもなされておれば、ありがたいのであるが、それさえもない。
　さらに、最近、中国語の発音に関する学習書のようなものが出始めているが、それらには、顔をしかめざるを得ないものが多い。
　口腔の構造や口の構え或いは舌の位置などをやたら図示して、如何にも科学的であるかのような体裁を整えて学習者を煙に巻くなど、如何なものであろうか。
　さて、本書は、筆者が中国語の音声について、日頃より頭の中にあることを短時間で一気に記述したものである。

本書は中国語の音声教育に資することを目的として執筆しているが、序言で述べているように、中国語の音声的特徴が理解できることに主眼を置いて、できるだけ噛み砕いた表現で既述した。
　音声学の専門用語の使用も必要最小限に抑えた。
　音声学の分野は、いずれの言語においても、"冷門"であり、研究者の数は少ない。研究者が少ないということは、研究成果が少なく、研究レベルも高くないということである。
　研究成果が少なく、レベルも高くないということは、音声研究の応用である音声教育もまだまだレベルが低いということになる。
　50年前に比べて、今日の日本において、こんなにも多くの人たちが中国語教育に携わるようになってきているにもかかわらず、中国語の音声教育は50年一日の如く、音声学的に根拠のないことを同じように繰り返し説明してきている事実に対して、厳しい目が向けられなければならない。
　本書によって、中国語の音声に関心をもつ人が一人でも多くなり、その人たちの努力によって、中国語の音声研究の成果が豊かになり、その結果として、中国語の音声教育の水準が高まっていくことを心より願っている。
　本書がそのことに些かなりとも貢献するものであれば幸いである。
　本書の出版は、白帝社企画室の伊佐順子さんに負う所が大きい。
　現在の日本における中国語教育界の実情を的確に把握した上で、筆者のひとりよがりの記述の内容や記述の仕方について、適切なご指摘やご助言をいただいた。
　ここに記して心から感謝の意を表します。

索　引

本文中に現れる人名、事項、書名を五十音順に収める。
アルファベット・簡体字表記のものは最後にまとめた。

[あ]

アクセント核	56
儿化音	87
儿化現象	87
意味のまとまり	110
因果関係	53
韻尾	43
韻尾の脱落	88
韻母	11
後寄りの母音	37
上顎	13
上唇	12
上歯	12
英語	21
英語話者	21
横着の原理	88
音韻体系	17
音響学	14
音強形式	78
音高形式	78
音声環境	30
音声現象	46
音声実態	17
音声資料	58, 112
音声的制約	95
音声の成り立ち	25
音声分析機器	57
音声変化	33, 81
音声変化の法則	25
音声録聞見	130
音節	43
音節全表	50
音節の構造	43
音節の等時性	93
音節の独立性	39, 90
音節の配列	125
音節の末尾音	69
音節表	44
音節末尾音	36
音節文字	43
音節連結	126

[か]

介音	43
開口呼	44
介母	43
開母音	46
開放	17
開放の程度	86
学習意欲	42
かすれ	82
完結発話	113
完結表現	116
感嘆表現	128
『官話指南』	55
キーワード	123
気音	21
気管	12
聞こえ	31
疑問詞のある疑問表現	127
疑問表現	127
『急就篇』	55
共鳴	27
共鳴度	63
共鳴の度合い	28
気流	11
気流の妨げ	86

口の構え	31	子音	11
唇の形体	31	子音の世界	20
継起的添加	125	字音	44
軽声	76	四呼	44
軽声音節	77	自然対話	109
顕現度	47, 48	実験音声学	29
言語心理学	125	弱化音節	80, 84, 105
言語生活	47	弱化度	84
巻舌音	15	主母音	43
喉音	13	主母音の復活	88
口腔	11, 12	省エネ	88
後件	118	上昇調	57
硬口蓋	12	上昇動態	65
硬口蓋音	13	情報交換	92, 109
合口呼	44	情報発信	109
口語音	52	初学者	51
合成音調	125	シラブル	93
後舌母音	29	唇歯音	13
構造的	139	心情	92
後続音節	99	心的かかわり	92
呼気	11	勧め表現	128
呼気圧	58	ステレオタイプの発話	129
語気助詞	91	ストレスアクセント	55, 103
呼気量	58	ストレスアクセントの規則	109
国語審議会	52	ストレスアクセントのユニット	110
心地よさ	96	声域	29
五十音図	42	清音	19
個人差	24	正音	52
語中	38	斉歯呼	44
語尾	37	正書法	47, 50
		生成メカニズム	28
[さ]		声帯	11, 12
撮口呼	44	声調核	56
三音節語	103	声調のつながり	99
三重母音	46	声調符号	73
子音性	82	声母	11
時系列	84	声母ゼロ	48
指示代名詞	53	声母表	13
舌	14	舌位	17, 27
下唇	12	舌根	13
下歯	12	舌先	12, 13

接続詞	53	中国語教師	24
舌側面	13	中国語話者	21, 24
前駆部分	60	中舌化の度合い	84
先行音節	99	調頭	126
前舌	13	調腹	126
前舌母音	29	調類	55
選択疑問表現	127	調尾	126
噪音性	82	同一音	49
相関関係	139	等時性の制約	47, 87
促音	42	同時的結合	125
側面音	13	同字二音語	52
そり舌音	13	董少文	78
		『東方見聞録』	24
		特殊音節	42
		特徴部分	60
		取り立て	120

[た]

[な]

第一声	71	軟口蓋	12
対応関係	49	二音節語	103
帯気性	20	二音節の組合せ	98
体系的	139	二重母音	46
第三声	73	日本漢字音	44
第二声	71	日本語	20, 23
第四声	75	日本語の母音図	29
濁音	19	日本語話者	23
中舌母音	32	人称代名詞	81
調音活動	59		
調音器官	12		
調音者	14		
長音	50		
調音体	14		
調音点	12		

[は]

調音の構え	41	肺	11, 14
調音のメカニズム	88	歯裏	13
調音部位	33	歯裏音	13
調音方法	12	拍	43
調形	57	歯茎	12
趙元任	15	歯茎音	13
調高	63	歯茎硬口蓋	13
調声調の原理	129	励まし表現	128
調値	55, 57	破擦音	13
調値動態	65	弾み	60, 72
調値の完成度	131	撥音	37, 42
中国語学習者	50	発音教育	24

発音の要領	76	母音	11, 27
発音練習	30	母音群	46
発声生理学的	59	母音四角形	29
発話行為	17	母音の中舌化	83
発話者	109	母音の無声化	81
発話の構成成分	116	法則的	139
発話の焦点	123		
場面設定	123	**[ま]**	
早口	47	間	124
破裂	11	前よりの母音	37
半子音	36	摩擦	11
反復疑問表現	127	松本昭	104
半母音	36	無気音	17
鼻音	13	無気音化	85
鼻腔	11, 12	無声破裂音	21
ピッチアクセント	54	命題	92
ピッチレベル	57	命令表現	128
非日本語話者	30	メロディー	95
表音表記	34, 51	メロディーの基本的ユニット	95
表現意図	105, 123	モーラ	43
平口	23		
平山久雄	104	**[や]**	
部位	14	有気音	17
フォルマント	28	有声音化	85
フォルマント値	63	有声音性	86
振り仮名	51	拗音	42
震え	15	余剰部分	60
文イントネーション	125	読み方のきまり	34, 50
文強勢	123	四音節語	103
閉鎖	11, 13		
閉鎖性の度合い	86	**[ら]**	
閉擦	13	らしさ	96
平叙表現	126	リエゾン	90
平板調	57	陸志韋	107
弁別的特徴	69	劉復	57
閉母音	46	両唇音	13
ポーズ	124	リンキング	90
方言	53	例外音	52
補完的	109	ローマ字	50
母語干渉	44, 50		
補助記号	20		

[わ]

話題の提示	123
話題の転換	123
わたり	88

アルファベット

consonant	11
vowel	11
K.Lee.Pike	12
manner of articulation	12
point of articulation	12
I.P.A	13
Mandarin Primer	15
retroflex	15
aspiration	17
formant	28
duration（調音時間）	47, 57
B.Karlgren	56
G.Peterson	57
intensive	57
L.T.Wang	57
M.Courant	57
pitch	57
Y.S.Jessica	57
informant	58
contour（曲線）	60
Daniel Jones	93
word formation（語構成）	104
discourse（談話）	110
free form	110
reclination 現象	115
pitch contour（高低曲線）	126

簡体字

辅音	11
元音	11
发音部位	12
发音方法	12
不送气音	19
出气音	19
送气音	19
无出气音	19
汉语拼音方案	34
外来语委员会	52
审音委员会	52
重读	76
重念	76
"呢" 疑問表現	127
順耳	129
順口	129

平井勝利（ひらい　かつとし）

1940 年　京都府生れ。
大阪外国語大学中国語学科卒業、同専攻科修了。
名古屋大学名誉教授（大学院国際言語文化研究科）
専門は中国語音声学、日中対照言語学。

教師のための 中国語音声学

2012 年 11 月 15 日　初版発行

著　者　　平井勝利
発行者　　佐藤康夫
発行所　　白 帝 社

〒171-0014　東京都豊島区池袋 2-65-1
電話 03-3986-3271　FAX 03-3986-3272
info@hakuteisha.co.jp
http://www.hakuteisha.co.jp/

印刷　倉敷印刷　製本　若林製本

printed in Japan 6914　ISBN978-4-86398-119-5
造本には十分注意しておりますが落丁乱丁の際はおとりかえいたします。